中國學術思想 研究輯刊

二 編

林慶彰 主編

第 25 冊

從《弘明集》看佛教中國化

王志楣 著

花木蘭文化出版社

國家圖書館出版品預行編目資料

從《弘明集》看佛教中國化／王志楣 著 — 初版 — 台北縣永
和市：花木蘭文化出版社，2008〔民 97〕
目 4+166 面；19×26 公分
（中國學術思想研究輯刊 二編：第 25 冊）
ISBN：978-986-6528-26-2（精裝）
1.（南北朝）釋僧祐　2. 佛教傳記　3. 佛教史　4. 佛教哲學
5. 魏晉南北朝哲學
228.2　　　　　　　　　　　　　　　　　　97016720

ISBN - 978-986-6528-26-2

中國學術思想研究輯刊
二 編　第二五冊　　　　　　　ISBN：978-986-6528-26-2

從《弘明集》看佛教中國化

作　　者	王志楣
主　　編	林慶彰
總 編 輯	杜潔祥
出　　版	花木蘭文化出版社
發 行 所	花木蘭文化出版社
發 行 人	高小娟
聯絡地址	台北縣永和市中正路五九五號七樓之三
	電話：02-2923-1455／傳眞：02-2923-1452
網　　址	http://www.huamulan.tw 信箱 sut81518@ms59.hinet.net
印　　刷	普羅文化出版廣告事業
封面設計	劉開工作室
初　　版	2008 年 9 月
定　　價	二編 28 冊（精裝）新台幣 46,000 元

從《弘明集》看佛教中國化

王志楣　著

作者簡介

王志楣，出生於台灣，祖籍河北省。台灣政治大學博士，現任政大中文系副教授。研究領域以中國佛學、道家思想為主要範疇，主要著作有《從弘明集看佛教中國化》、《維摩詰經之研究》、〈緣情而綺靡——豔詞綺句的禪詩認識分析〉、〈試論智顗「佛不斷性惡」說之思維方式〉、〈從有身到無身——論老子的身體觀〉、〈莊子逍遙義辨析〉、〈從物理學到形上學——導引術與莊子思想〉、〈莊子論愛探析〉、〈無用之用——論莊子之「用」〉、〈其嗜欲深者其天機淺——論莊子之「欲」〉、〈人之生也與憂俱生——論莊子之「悲」〉、〈天下有至樂——論莊子之「樂」〉、〈術以載道——論莊子的道、術關係〉、〈孟、莊論「德」比較〉等。

提　　要

　　漢末至南朝梁武帝三百餘年間，正是佛法大量輸入時期，也是與中國文化接觸發生蛻變的關鍵時期，在中國佛教史上具有相當重要的地位，但此期卻乏成書的佛教專論，大多是零星散列於一般史事中，《大藏經》雖卷帙浩瀚，唯幾以經律論注疏為大宗，其餘之經錄、傳記、語錄雖繁，卻難從中一窺中國佛教發展面貌，僧祐的《弘明集》可謂是該段時代碩果僅存之作，故《四庫全書總目提要》才會說《弘明集》是：「六代遺編，流傳最古，梁以前名流著作，今無專集行世者，頗賴以存。」

　　《弘明集》不僅涵蓋了漢魏兩晉南北朝佛教傳入中土最盛時期，其內容又統攝佛教與儒、道二教互動關係，舉凡自牟子〈理惑論〉以迄梁武帝時神滅不滅及因果報應、沙門敬王、夷夏之辨等議題無不包含在內，是中國佛教發展史上不可忽略之作。

　　《弘明集》中素材雖屢被引用，但學界對僧祐《弘明集》進行全面性的專門研究者卻屈指可數，故本論文希望透過對《弘明集》的系統詮釋、分析、論證，呈顯出印度佛教在中國滲透與轉化的歷程，俾使此期中國佛教之研究獲得進一步釐清。

　　從整個中國佛教發展演變來看，《弘明集》所代表的佛教中國化史程，有別於隋唐佛教，其記載了佛教中國化前半程足跡，奠定了中國化基礎，爾後才會有隋唐佛教的成熟深化，是以《弘明集》所具有的歷史意義與價值不能忽視。

　　本論文除詳細考証撰述者僧祐與《弘明集》之外，全書以思想研究為核心，以史觀為行文縱軸，包括佛教在漫長輸入過程中的特徵和發展；另以橫向探討傳播中受到的本土特定因素制約與影響，事實上，二者有時可能同步交互進行。

目

次

第一章 緒 論

第一節 研究動機

  印度佛教於兩漢間東來中土後即另啓新頁，隨著時代思潮的推移，逐步與中國文化匯聚融和，成爲中國化佛教，這在學術界幾無異議，且因中國佛教的闡釋而開展出的六家七宗般若等思想，乃至隋唐形成的佛教各家宗派，都已成爲中國思想史上的盛事。但是，對於佛教爲什麼會中國化？如何中國化？與中國傳統文化思想關係如何？以往學術界涉及較少；近幾年來，海峽彼岸出現一些有關中國佛教的研究，頗具學術價值、譬如賴永海《佛學與儒學》、方立天《中國佛教研究》、任繼愈《中國哲學發展史》、牟鍾鑒《中國宗教與文化》等。〔註1〕不過，討論的情況，或囿於一人一題，難窺全貌；或篇卷龐雜，欠缺明確主題；或散見於各類期刊雜誌，沒有歸類成書；或掌握文獻失之薄弱；或用了馬克思主義的偏頗解析……種種因素，影響了對中國佛教的研究成果。是以，本文著眼於《弘明集》涵蓋了漢魏兩晉南北朝佛教源源傳入最盛時期，其內容又統攝佛教與中國意識型態之主流儒、道二教互動關係，舉凡自漢魏牟子〈理惑論〉以迄梁武帝欽定的神滅不滅問題、因果報應問題、孝道問題、沙門敬王問題、夷夏問題、儒道佛三家交融等複雜曲折的漢化議題，無不包含在內，是中

〔註1〕 本文所舉僅爲代表人物之代表著作，實際之數不止於此，如方立天先生，除其《中國佛教研究》外，還有《中國哲學研究》、《中國古代哲學問題發展史》等；任繼愈先生兼編群書，以其爲名者尚有《中國佛教史》、《佛教與中國文化》；賴永海《中國佛性論》；牟鍾鑒、杜繼文等則發表多篇中國佛教相關論文。

國佛教發展史上不可忽略之作，極具研究價值。

再進一步觀察，雖然《弘明集》裡素材屢被引用於相關撰述中，但對僧祐《弘明集》進行全面性的專門研究，幾可謂付之闕如，至今唯有黃盛璟的碩士論文《從弘明集看魏晉南北朝儒釋道三家皆應》。〔註2〕黃文架構簡要、行文通暢，雖未能緊扣主題鋪陳，且對《弘明集》作者僧祐及該書體例欠缺專章考證、介紹，惟黃文披荊斬棘之功不可沒。〔註3〕其餘少數一二針對《弘明集》而成文者，均屬單篇之作，〔註4〕廣度不足，更未申論中國佛教核心議題。

透過上述檢視，遂啓本文研究動機，欲在補實前賢之餘，亦期藉由對《弘明集》的系統詮釋、分析、論證，呈顯出印度佛教在中國滲透、轉化的歷程，俾使此期中國佛教之研究獲得進一步提昇與重視。

第二節　研究方法

在說明本文研究方法之前，欲先爲「佛教中國化」立一界定，俾方便敘述以下研究方法。

本文採用了方立天先生所下的定義，他說：

> 所謂佛教中國化，是指印度佛教在輸入過程中，一方面是佛教學者從大量經典文獻中精煉、篩選出佛教思想的精神、內核，確定出適應國情的禮儀制度和修持方式，一方面使之與固有的文化相融合，並深入中國人民的生活之中，也就是佛教日益與中國社會的政治、經濟和文化相適應、結合，形成獨具本地區特色的宗教，表現出有別於印度佛教的特殊精神面貌和中華民族傳統精神的特徵。〔註5〕

因此，若要從《弘明集》去察看佛教在六朝階段中國化歷程，可分成縱、橫兩方面，一是縱向包括佛教在漫長輸入歷史中的經過、特徵、發展，一是橫

〔註2〕黃愈璟《從弘明集看魏晉南北朝儒釋道三家的皆應》爲東吳大學七十三年中文研究所碩士論文。

〔註3〕黃盛璟之碩士論文撰寫了夷夏之辨、禮俗之辨、神滅神不滅之辨與三教融通等主題，但內容方面敘述的多，詮釋、論釋的少，且如面對神滅神不滅重要問題時，只一一羅列各家說明，難以突顯其「儒釋道三家的皆應」宗旨，整體而言，黃文對《弘明集》算是作了初步介紹。

〔註4〕羅顗〈弘明集與廣弘明集〉，高明〈僧祐與弘明集〉，曾貽芬、崔文印〈魏晉南北朝時期的總集〉，都屬常識性介紹文章。

〔註5〕方立天〈佛教中國化的歷程〉，收於《中國佛教研究》上冊，頁1～33。

向包括佛教傳播過程中受到本土特定因素的制約、影響。事實上，二者有時可能同步交互進行著。〔註6〕

縱向或橫向的探討，牽涉到本文章節架構的安排及論述的系統，而本文參酌前賢各項著作後，選擇以歷史分期為經、以《弘明集》所見主要議題為緯方式，配合時代背景的說明、《弘明集》內容資料的詮釋、思想文化的探討，建構出《弘明集》中，中國佛教問題發展脈絡，再輔以《弘明集》作者與該書相關考證，以彰顯整部《弘明集》學術價值意義。

透過研究方法的運用，本文約可呈現出幾項特點：

其一，留意各期佛教中國化特質。

其二，對漢魏兩晉南朝佛教中國化，作一有系統記述。

其三，指陳漢魏至梁時期，中國佛教主要議題思想及其歷史影響。

其四，對儒、道、釋三教互動亦作若干比較研究。

第三節　研究內容

印度佛教傳入中國，實際形成漢地佛教、藏傳佛教和傣族等少數民族地區佛教，因此，佛教的中國化範圍，從廣義而言，應包括佛教的漢化、藏化、傣化等，本文內容實指漢傳佛教的漢民族化，使標目不稱「漢化」，仍冠以「中國化」，乃順應學界約定俗成之故。

其次，佛教的中國化，亦不只在思想、信仰、倫理方面中國化，也應涵蓋文學、藝術、建築、修行、經濟等方式、制度，然而，本文一則侷限於《弘明集》內容，一則為免牽涉問題太過廣泛，橫生枝蔓，故僅取全書重要課題作較詳細探討，餘者有所不逮處，唯俟諸來日努力。

另外，《弘明集》中因所收北朝文章甚少，〔註7〕難以形成主要論題，故本文演述之內容亦不涉及北朝範圍。以下即略陳本文各章內容：

第一章〈緒論〉。

〔註 6〕黃盛璟《從弘明集看魏晉南北朝儒釋道三家的詯應》，頁 160～161 指出，不同的文化在接觸之初，定會發生抗拒變遷與變遷的力量，也就是衝突與融合的情形。一般人多將文化的衝突與融合分成兩階段，先有衝突，再為融合，實則二者並無清楚時間界線，往往在衝突當下已見融合。

〔註 7〕《弘明集》所收東晉南北朝文章率為南方作品，北朝作者之文僅有卷六〈釋駁論〉，卷十一的姚興〈與恆、標二公勸罷道書〉和道、道標〈答秦主書〉。

第二章〈作者傳略〉。僧祐律師學通內外，道藝兼具，活躍於齊、梁二代。僧祐在《弘明集》後序中，對南朝當時中國佛教現象作出總結式的評論，[註8]其所編《弘明集》、《出三藏記集》在中國佛教發展史上，皆有承先啟後的影響，極具學術貢獻，但僧祐之名，對後世而言，卻非耳熟能詳人物，本文對其身世背景、生平活動、藝術風格、著述承傳均作多方探求考證。

第三章〈弘明集述要〉。本章完整介紹《弘明集》一書之形式體例、各卷內容、著錄情形、版本流傳外，亦兼述《弘明集》所產生之環境背景與僧祐的成書目的。本章至此除完成周邊必要內容外，亦有為以下篇章預作鋪墊之作用。

第四章〈漢魏佛教中國化之展開〉。本論文從此章進入主體研究。由於《弘明集》只收了一篇漢魏作品牟子〈理惑論〉，因此，本章從〈理惑論〉一文歸納出佛教初入中國的傳播與適應方式，分成宗教、倫理、哲學三方面，以及傳播時遭遇的阻礙，並分別溯源探討這些阻礙發生的原因。由於〈理惑論〉乃一文本史料，歷代亦無注疏，故本文佐以其他相關史傳文獻，方得展現中國佛教初期面貌。

第五章〈兩晉佛教中國化之轉折〉。佛教洎乎兩晉在中國化路程上跨出關鍵性一步，使得日後佛教傳播更加繁興；世風所及，名僧與名士合流，文人名士成了此期佛教信仰主流。在吸取與排拒的雙向互動中，佛、道對立浮現，佛、儒政教衝突亦已登場，本章選擇了「沙門敬王」事件和「形神果報」問題爭端的發生過程，作為理解整個晉代佛教中國化的主要標誌。

第六章〈南朝佛教中國化之論爭〉。佛教此期承襲晉代談辯風氣，出現三場論戰，包括有因果報應、神滅不滅問題的白黑之爭、形神之爭與存有民族本土意識的夷夏之爭。本章申述了三場論爭發生的前因後果以及各家主張，探究佛教中國化意義。三次論爭同時也是儒、道、佛三家相爭，面對儒、道的抨擊，本文分析了佛教的回應對策，其結果是加速佛教的中國化，因此，或可說三教論爭實是佛教中國化進程必經階段。

第七章〈結論〉。本章根據前述篇章問題的申論內容，得以看出許多中國佛教發展狀況，並作出兩項結論，一是《弘明集》在中國佛教發展史上具有極高之意義與價值。二是《弘明集》中呈現出中國佛教的特性。

〔註8〕 任繼愈編《中國哲學發展史‧魏晉南北朝》，頁879指出，僧祐的《弘明集》及其後序，標志著南朝三教間爭論高潮結束，往後，爭論雖還不斷出現，規模卻大不如前。

第二章　作者傳略

　　《弘明集》作者僧祐的生平事蹟，見於梁・慧皎《高僧傳》卷十一〈齊京師建初寺釋僧祐〉者，[註1] 約四百五十字；不僅文詞簡約，且多處語焉不詳，需輔以相關載籍及後人考證，方可略窺其行誼。今就其身世背景與學術貢獻等分述如下，最後並據所述試爲一年表。

第一節　出生與出家

一、身　世

　　《高僧傳・僧祐傳》（以下簡稱祐傳）中未曾提到僧祐的出生年代，惟在傳末指出：

　　　　（僧祐）以天監十七年五月二十六日卒於建初寺，春秋七十有四。
　　　　　　　　　　　[註2]
天監乃梁武帝年號，以此上推，知僧祐應生於宋文帝元嘉二十二年（445）。

　　祐傳最先述及僧祐祖先家世：

　　　　本姓俞氏，其先彭城下邳人，父世居於建業。
「彭城下邳」乃今江蘇徐州邳縣之地，從僧祐俗姓俞及其誕生地建業（今南京）看來，僧祐應是漢人。

　　彭城下邳舊爲徐州之屬，據《晉書・卷十五・地理志下》載，漢武帝時

〔註 1〕《大正藏》五十冊，頁 402。僧祐歿於梁代，而《高僧傳》列其爲齊代人，蓋以爲僧祐大半活動於南齊之故。
〔註 2〕同註 1。

徐州爲十三州之一，統楚國及東海、琅邪、臨淮、廣陵四郡，宣帝改楚爲彭城郡，後漢改爲彭城國，以沛郡之廣戚縣來屬，改臨淮爲下邳國；及西晉武帝太康元年，復分下邳屬縣在淮南者置臨淮郡，分琅邪屬東莞郡，到晉惠帝元康元年，臨淮又分置淮臨群，不過，史籍又載：

> 永嘉之亂，臨淮、淮陵並淪沒石氏。〔註3〕

由此可推測僧祐先祖或爲避胡亂而由彭城下邳遷居至六朝都城所在地建業，此後，僧祐生於斯、長於斯。

佛教自兩漢之際入華，勢張於東晉，成熟於南朝，釋經既豐、著述已多，在當時思想界已佔重要地位；湯用彤指出，南朝佛法之隆約在三時，一爲宋元嘉之世，二在南齊竟陵王當國時，三即梁武之代，〔註4〕僧祐生於宋文帝元嘉二十二年，卒於梁武帝天監十七年（518），適逢其盛，深受薰潤，畢生又致力佛教事業發展，遂成爲宋、齊、梁三代最活躍之名僧之一。〔註5〕

二、出　家

祐傳對僧祐出家年齡的記載僅爲約略之詞：

> 祐年數歲，入建初寺禮拜，因踴躍樂道，不肯還家，父母憐其志，且許入道，師事僧範道人。年十四，家人密爲訪婚，祐知而避至定林，投法達法師，達亦戒德精嚴，爲法門梁棟，祐師奉竭誠。及年滿具戒，執操堅明，初受業於沙門法穎。

《出三藏記集》卷十二〈釋僧祐法集序〉中，僧祐自述幼年時亦只云：「幼齡染服，早備僧數」，未言出家年歲，因此，本文分爲1、離俗。2、受戒兩部分考察：

1. 離　俗

僧祐幼年隨父母到建初寺禮拜，即雀躍歡喜，不肯回家，表現出對佛教的特殊興趣，這也說明僧祐之離俗心理，並非因塵世受到打擊而有出家念頭，或可謂是夙慧深厚所致。

僧祐父母愛憐其子而依從了他，「且許入道，師事僧範道人」。「道人」是六朝對出家修行者的通稱，僧範，生平不詳，然僧祐師事僧範時，依佛制應

〔註3〕《晉書·卷十五·地理志下》。
〔註4〕湯用彤《漢魏兩晉南北朝史》第十三章〈佛教之南統〉。
〔註5〕洪修平、孫亦平著《十大名僧》一書，僧祐位列其中。

也是出家小沙彌，〔註6〕故僧祐出家歲數，可從沙彌受戒方面考證之。

2. 受　戒

　　佛教出家眾分爲沙彌、沙彌尼、式叉摩尼、比丘、比丘尼五類。沙彌以兒童爲主，〔註7〕但眞正的出家，則是從沙彌持守十戒開始，〔註8〕沙彌不受十戒，仍屬俗人，不具出家人資格。出家沙彌又依年齡分爲三種，據《摩訶僧祇律》卷二十九云：

　　　　沙彌有三品，一者從七歲至十三，名爲驅烏沙彌；二者從十四到十

　　　　九，是名應法沙彌；三者從二十上七十，是名名字沙彌。〔註9〕

故從上述佛律推斷僧祐出家之齡應爲七至十三歲較合理。再依本傳中之敍述詞語，又以七、八歲最有可能。

　　僧祐雖在童年就樂於學佛，然其父母似不願見愛子長棄俗世，故在十四歲那年，悄悄爲他籌辦起終身大事，僧祐得知後，爲了逃避婚姻，便投奔到南京鍾山腳下定林寺，從「年十四，家人密爲訪婚，祐知而避至定林，投法達法師」之句，可看出僧祐彼時不僅一心嚮往出世生活，不再戀慕世俗愛欲，且具永續專事佛法心志。

　　僧祐落腳定林寺後，祐傳又曰：

　　　　祐師奉竭誠，及年滿具戒，執操堅明，初受業於沙門法穎。

僧祐竭誠向師學習，及長，至二十歲，受具足戒，〔註10〕終成比丘身分。

〔註 6〕出家人才能師事出家人。見釋聖嚴《戒律學綱要・第五篇》第三章〈沙彌投師與沙彌出家〉、第四章〈沙彌受戒及其持犯威儀〉。

〔註 7〕二十歲以上的出家人本可成爲比丘，唯因種種事故而未能受持比丘戒的，亦稱沙彌。參見註6引書第二章〈沙彌戒與沙彌的類別〉。

〔註 8〕沙彌正式出家受戒前，需先剃髮、改裝；沙彌戒雖以十戒爲主，但卻需先受三歸（皈依佛法僧）五戒（殺盜淫妄酒），然後再受十戒，故《薩婆多論》曰：「先受五戒，以自調伏，信樂漸增，受十戒」（《大正藏》二十三冊，頁508），不得一進佛門便受沙彌十戒。未受十戒之沙彌，稱爲形同沙彌，雖然外在與沙門等觀，卻未具實際沙彌資格，已受沙彌十戒者，則稱法同沙彌，是眞正的出家人。

〔註 9〕《大正藏》二十二冊，頁461。

〔註10〕《摩訶僧祇律》卷十九曰：「佛言，從今日後，年未滿二十，不得與受具足」。（《大正藏》二十二冊，頁383）道宣《四分律刪繁補闕行事鈔》卷上：「故律云，年二十者堪受具，謂能忍寒熱饑渴風雨蚊虻毒蟲，能忍惡言苦事，能持戒，能一食等，若減二十過七十，無所堪能，不應與受具」（《大正藏》四十冊，頁28），由佛制可知，出家需待成人後，才能受全部戒條。

三、住　寺

　　從僧祐童稚之齡入建初寺修道，後避婚投定林寺，以迄春秋七十四圓寂於建初寺、安葬定林寺歷程觀之，僧祐與建初、定林二寺實結下不解之緣。祐傳中除屢言建初、定林之名外，並曰：

　　　　（僧祐）凡獲信施，悉以治定林、建初，及修繕諸寺。

可知僧祐不僅畢生以建初、定林二寺爲落腳棲息之所，還刻意經營維護，復以僧祐在佛教美術方面亦具特殊巧藝，可想而知，僧祐餘暇，必然精心規畫二寺（詳工藝一節），且其文章自白中曾說：

　　　　山房寂遠，泉松清密，以講習閒時，僧事餘日，廣訊眾典，披覽爲
　　　　業，或專日遺餐，或通夜繼燭，短力共尺波爭馳，淺識與寸陰競
　　　　略……。〔註11〕

「山房寂遠，泉松清密」正足以描繪一清淨莊嚴、幽雅出塵之道場，僧祐居止其間，博覽經籍雅論，終成其宏業，而建初、定林亦隨僧祐而垂名千載。究竟二寺景象風貌如何？略見下述：

1. 建初寺

　　建初志地理位置屬南京城範圍，明朝後，改名爲報恩寺，在《金陵梵刹志》中被歸類爲古刹大寺，〔註12〕《金陵梵刹志》述及其寺沿革時說道：

　　　　在都城外南城地，離聚寶門一里許，即古長干里，吳赤烏問，康僧
　　　　會致舍利，吳大帝神其事，置建初寺及阿育王塔，實江南塔寺之始，
　　　　後孫皓毀廢，建長干寺。晉簡文間敕長干造三級塔，梁武帝大同間
　　　　詔修長干塔……。〔註13〕

建初寺取名由來，乃因其爲「江南塔寺之始」，早在三國孫權時，爲康僧會來吳弘揚佛法而興建；其後，西晉名僧帛尸梨蜜和東晉支曇籥都先後住過。〔註14〕僧祐幼時在建初寺從僧範道人出家，以後也經常行止於此，不過，僧祐一生從

〔註11〕《出三藏記集》卷十二，《大正藏》五十五冊，頁 87。

〔註12〕《金陵梵刹志》卷三十一，該書收於《中國佛寺志》第一輯第五冊，書中將所有寺院依規模大小，分成大、中、小三種類型。

〔註13〕同註12。此外，《高僧傳・卷一・唐僧會傳》有：「（唐僧會）乃置舍利於鐵砧鎚上，使力擊之，於是砧鎚俱陷，舍利無損，權大嗟服，即爲建塔，以始有佛寺，故號建初寺。」《大正藏》第五十冊，頁 325。

〔註14〕分見《高僧傳・卷一・建業建初寺帛尸黎蜜傳》及《高僧傳・卷十三・京師建初寺支曇籥傳》《大正藏》五十冊，頁 327、頁 413。

師學律、撰述法集時間，則以居鍾山定林上寺爲多。

2. 定林寺

　　定林寺位在今江南名勝鍾山附近，據《南朝佛志寺》卷上記載，定林寺分成上、下二寺：

> 定林寺，在鍾山下，其地蔣陵里。宋元嘉元年爲僧慧覽而造也，越
>
> 十二年，曇摩蜜多建上定林寺於山西，人遂呼此爲下寺。

知定林寺本爲宋文帝初年替慧覽創建，〔註15〕後因曇摩蜜多於鍾山西側一方另建分寺，遂造成定林寺有上下新舊之分。又《高僧傳‧卷三‧上定林寺曇摩蜜多傳》對此事有更詳細說明：

> （曇摩蜜多）元嘉十年還都，止鍾山定林寺下，蜜多天性凝靜，雅
>
> 愛山水，以爲鍾山鎮岳，埒美嵩華，常歎下寺基構，臨澗低側，於
>
> 是乘高相地，揆卜山勢，以元嘉十二年斬木刻石，營建上寺。〔註16〕

這一段說明了曇摩蜜多另建定林上寺因緣。自從上定林寺完工後，由於「禪房殿宇，鬱爾層構」，〔註17〕遂招來眾多高僧名德，〔註18〕禪講甚盛，僧祐不僅在此受學，且覽冊述文，祐傳中稱他「造立經藏，搜校卷軸」，應指在上定林寺而言，因爲《南朝佛寺志》卷上〈上定林寺〉云：

> 上定林寺，宋元嘉十二年高僧曇摩蜜多所移建……後有僧祐凡獲信
>
> 施，悉以營繕傳弘，並建經綸藏。而寺乃大盛。

此外，沈約〈千僧會願文〉中亦有「上定林寺祐法主」之語，〔註19〕可見僧祐是在上定林寺建立經藏、學律撰作，加以當時劉勰等有力人士輔佐，使得定林寺藏經圖書規模較建初寺完備，不過，僧祐一生和建初寺的關係亦異常深厚，如《歷化三寶記》卷十一，《高元釋教錄》卷六、《貞元釋教錄》卷九，對僧祐的撰述皆稱他爲「建初寺」律師或沙門，最後僧祐也是在建初寺示寂，

〔註15〕《高僧傳‧卷十一‧宋京師中興寺釋慧覽傳》：「（慧覽）後移羅浮天宮寺，宋
　　　　文帝請下都，上鍾山定林寺；孝武起中興寺，復敕令移往。」按此條史料如
　　　　與《南朝佛寺志》定林寺記載互相比對，知定林寺應爲宋文帝爲慧覽僧人敕
　　　　造，而黃志洲先生《出三藏記集研究》謂慧覽乃僧慧、僧覽二人，顯係錯誤。
　　　　黃文乃高雄師大八十年中文所碩士論文。

〔註16〕《大正藏》五十冊，頁342～343。

〔註17〕同註16。

〔註18〕從《高僧傳》可知，南朝宋僧遠、道嵩、法獻，齊僧柔、超辯、智稱、法通，
　　　　梁僧祐、劉勰等名僧皆居住過定林寺。

〔註19〕沈約〈千僧會願文〉收於《廣弘明集》卷二十八，《大正藏》五十二冊，頁324。

但塔墓則設於定林寺。僧祐最名弟子中隨侍於建初寺者有明徹，〔註 20〕受教於定林寺者則有智藏、〔註21〕寶唱〔註22〕及劉勰〔註23〕。

第二節　修學承傳

佛法東來，至南朝涅槃學大興，〔註 24〕涅槃佛性說與前朝流行的般若實相，理本無違，〔註25〕僧祐思想主要是繼承大乘性空學說，《出三藏記集序》開宗明義就表示：「眞諦玄凝，法性虛寂」，〔註 26〕《弘明集》後序中也闡明「道法空寂，包三界以等觀」的論點，〔註27〕亦即講述萬法性空的道理；僧祐認爲，雖然道法性空，但等觀三界則神之化理常照，可見僧祐的佛學觀乃建立於般若性空基礎上，然而僧祐一生學養，卻蓄積於經律論三部中之律學，且卓然有成。

一、學　律

僧祐在律學上的成就，除得力於法達、法獻、法穎等名師授業外（詳師承一節），亦賴己身精研不懈，誠如祐傳所言：

> 穎（指法穎）既一時名匠，爲律學所宗，祐乃竭思鑽求，無懈昏曉，
> 遂大精律部，有邁先哲。

在他自述中也稱：

> 少受律學，刻意毗尼，旦夕諷持，四十許載，春秋講說七十餘遍。
> 〔註28〕

引文中「毗尼」即梵文「戒律」之義釋。戒律學派不獨一種，據僧祐《出三藏記集·卷三·新集律來漢地四部序錄》所言，當時共計有：1、薩婆多部十誦律。2、曇無德四分律。3、僧祇律。4、彌沙塞律，一稱五分律。5、迦葉

〔註20〕《續高僧傳》卷六，《大正藏》五十冊，頁 473～474。

〔註21〕《續高僧傳》卷五，《大正藏》五十冊，頁 465～467。

〔註22〕《續高僧傳》卷一，《大正藏》五十冊，頁 426～427。

〔註23〕《梁書》卷五十，《南史》卷七十二。

〔註24〕湯用彤《漢魏兩晉南北朝佛教史》第十六章〈竺道生〉中指出，晉宋之際，佛學上有三大事，一曰般若，二曰毗曇，三曰涅槃。

〔註25〕同註24。該章說：「法身眞我之義，似與般若無我義相牴牾，而實則相成。」

〔註26〕《出三藏記集》卷一，《大正藏》五十五冊，頁 1。

〔註27〕《弘明集》卷十四，《大正藏》五十二冊，頁 95。

〔註28〕《出三藏記集》卷十二〈釋僧祐法集總目錄序〉。《大正藏》五十五冊，頁 87。

維律。〔註 29〕南北朝時，五部律中前四部流傳漢地，〔註 30〕其中又以北印度罽賓傳來的薩婆多部十誦律在中國最流行，〔註 31〕僧祐從師受學，長期弘演此律，這從他〈薩婆多部記目錄序〉所言：「祐幼齡憑法，季踰知命，仰前覺之弘慈，奉先師之遺德，猥以傭淺，承業十誦」〔註 32〕可得明證。本傳又云：

> 永明中，敕入吳試簡五眾並宣講十誦，更申受戒之法。

在在說明僧祐畢生所學、所講、所教、所撰之律學，乃屬十誦律。至於十誦律的系統由來，如〈新集律來漢地四部序錄〉中所說：

> 昔大迦葉具持法藏，次傳阿難，至於第五師優波掘；本有八十誦，
> 優波掘以後世鈍根不能具受，故刪爲十誦，以誦爲名，謂法應誦持
> 也。〔註 33〕

此中說由八十誦刪爲十誦，即是僧祐所傳弘的十誦律，也就是大智度論理所說毗尼八十部中的略分。〔註 34〕

有關僧祐律學的專著：《薩婆多部》五卷和《十誦義記》十卷，詳見本章「著述要略」一節，惟此二書早已佚失，只在《出三藏記集》中載其目錄而已。

從僧傳之分科，亦可一窺其成就貢獻，僧祐位列於《高僧傳·明律篇》，亦可知其律學研究成果，《續高僧傳》卷二十二談到他在十誦律的地位時曰：

> 自律藏久分，初通東夏，則薩婆多部十誦一本最廣弘持，實由青目

〔註 29〕《大正藏》五十五冊，頁 20～21。釋迦牟尼在世時，爲約束僧眾，曾制定各種戒律，釋迦去世，佛教第一次結集，弟子優波離誦了律藏，釋迦逝世約百年後，佛教由於見解不同而分裂爲眾多部派，各部派對戒律有不同解釋，律藏也隨之分成五部。

〔註 30〕五部律中，迦葉維律究竟是否輸入中國？根據曹仕邦先生考證，此律終與漢地無緣，應未曾出現。見曹仕邦〈中國佛教史傳與目錄源出飾學沙門之探討〉（上），載於《新亞學報》第六卷第一期。

〔註 31〕《高僧傳》卷十一明律部總論云：「自大教東傳，五部皆度……而十誦一本，最盛東國」，《大正藏》五十冊，頁 403。

〔註 32〕同註 29，頁 89。

〔註 33〕同註 29，頁 20。

〔註 34〕《大智度論》卷一百言：「毗尼……略說有八十部，亦有二分：一者摩偷羅國（在中印度）毗尼，含阿波那本生有八十部，二者罽賓國（在北印度）毗尼，除卻本生阿波羅那，但取要用作十部」論中所說摩偷羅國毗尼八十部，在中印度所流行的廣本毗尼，也就是後來唐義淨傳來的一切有毗奈耶律。另一罽賓國屁尼要用作十部，是北印度所流行的略本毗尼，也就是弗若多羅、曇摩流支傳來的十誦律。見《大正藏》二十五冊，頁 756 及谷響〈僧祐飾師的文化生活〉一文，收於張曼濤編《現代佛教學術叢刊》四十九冊，頁 183～198。

律師敷揚晉世。盧山慧遠，讚擊成宗。爾後，璩穎分轍而命路，祐瑗波騰於釋門澄一江淮，無二奉矣。〔註35〕

僧祐承傳律學，並致力闡揚光大十誦律，迄今被推崇為南朝最有名之律師。〔註36〕

二、師　承

依僧祐本傳所述，其年僅數歲即入建初寺師事僧範道人，十四歲，為避婚而投奔定林寺法達門下，奉師向學，如此看來，僧祐一生教育可說皆在沙門中完成；後來僧祐又曾受教於法獻、法穎律師，終使其律學成就臻至青勝於藍境地。究竟，僧祐是在一開始即選擇律學作為終生志業？抑或受業之師恰皆專精十誦，才造就出僧祐「大精律部，有邁先哲」，其因果恐難考辨！惟據文獻可知，僧祐受業之師多為一代律學名家，且僧祐受到他們極深影響。

本文依僧祐從學時間先後之序，述其師承：

1. 僧　範

從祐傳「祐年數歲，入建初寺……師事僧範道人」之語，知僧範應是僧祐啟蒙師，住持在建初寺，不過，除此之外，僧範一切事蹟均不見於其他載籍。《續高僧傳》卷八雖然〈齊鄴東大覺寺釋僧範傳〉，乃另有其人，非僧祐之師。

2. 法　達

僧祐十四歲依法達法師，僧祐傳中，提到法達時稱：

達亦戒德精嚴，為法門梁棟，祐師奉竭誠。

知法達是一明律之人。有關法達本人資料，未見於僧傳，僅散見《高僧傳·卷十一·齊京師靈鷲寺釋僧審傳》〔註37〕與卷二〈宋上定林寺曇摩蜜多傳〉附傳中。〔註38〕〈僧審傳〉只說法達「業禪，有異跡」，顯見法達不僅是律師亦是禪師，法達曾拜在劉宋名禪師曇摩蜜多〔註39〕門下：

〔註35〕《大正藏》五十冊，頁620。
〔註36〕湯用彤之贊語。見《漢魏兩晉南北朝佛教史》第十九章〈北方之禪法淨土與戒律〉。
〔註37〕《大正藏》五十冊，頁399～400。
〔註38〕同註16。
〔註39〕同註16，頁343：「（曇摩蜜多）常以禪道教授，或千里諮受，四輩遠近，皆號大禪師。」

> 定林達禪師，即神足第子，弘其風教，聲震道俗，故能淨化久而莫
> 渝，勝業崇而弗替，蓋蜜多之遺烈也。〔註40〕

本文在「三、住寺」一節已述及，根據《高僧傳》記載，定林上寺由曇摩蜜
多所創建，但在定林上寺之前，曇摩蜜多居「祇洹寺」翻譯佛經；〔註41〕又
據黃志洲考證「祇洹寺在鳳凰樓之西，建初寺之分剎」。既然祇洹寺乃僧祐最
先依棲之建初寺道人僧範，與曇摩蜜多應有來往，日後僧祐會投奔法達，可
能是多了這一層關連。〔註42〕

　　本文以為，黃志洲從佛剎地緣及隸屬關係作此推論，應可成立，同時，
亦可解開僧祐何以為避婚而從建初寺奔往定林寺之因。

　　戒、定、慧號稱佛教三無漏學，又以戒為首，《成實論》有曰：「若無持
戒，則無禪定。」戒為定因，故禪師習律是普遍現象。曇摩蜜多非專擅律學，
但《高僧傳》稱他「為人深邃有慧解，儀軌詳正」，〔註43〕允然為一持戒謹嚴
禪師，其弟子法達承襲門風，故能「戒德精嚴，為法門之梁棟」，成為「蜜多
之遺烈」亦無足可怪。僧祐十四歲奔定林寺，師奉法達，其日後在律學上之
成就，受法達啟發引導之功應甚巨。

3. 法　獻

　　僧祐《出三藏記集》有二處言及「先師獻正」，如該書卷二〈觀世音懺悔
除罪咒經〉和〈妙法蓮華經提婆達多品第十二〉兩條之後，僧祐附記曰：

> 右二部，凡二卷，齊武皇帝時，先師獻正遊西域，於于闐國得觀世
> 音懺悔咒胡本，還京都，請瓦官禪房三藏法師法意共譯出，自流沙
> 以西，妙法蓮華經並有提婆達多品，而中夏所傳闕此一品，先師至
> 高昌郡，於彼獲本，仍寫還京都。〔註44〕

此外，同書卷三「迦葉維律」條，僧祐亦寫道：

> 迦葉維者……此一部律不來梁地，昔先師獻正遠適西域，誓尋斯文，
> 勝心所感，多所靈瑞，而蔥嶺險絕弗果茲典，故知此筆於梁土眾僧
> 未有其緣也。〔註45〕

〔註40〕同註16，頁343。
〔註41〕同註16：「（曇摩蜜多）即於祇洹寺譯出禪經、禪法要、普賢觀、虛空藏觀等。」
〔註42〕黃志洲《出三藏記集研究》，頁11。
〔註43〕同註16。
〔註44〕《大正藏》五十五冊，頁13。
〔註45〕《大正藏》五十五冊，頁21。

上述兩則引文，顯示僧祐尚有一名爲「獻正」之師，「獻正」實指《高僧傳·齊上定林寺釋法獻傳》之法獻而言，僧祐所以稱「獻正」者，乃因獻曾任僧正（即僧主），〔註46〕故尊稱之。

法獻爲何許人也？背景如何？學行特色何在？僧祐本傳中隻字未提，但可從《高僧傳·卷十三·法獻傳》中一探端倪：

> 釋法獻，姓徐，西海延水人，先隨舅至梁州，仍出家，至元嘉十六年，方下京師，止定林上寺。博通經律，志業強悍，善能匡拯眾計，修葺寺宇，先聞猛公西遊，備矚靈異，乃誓欲忘身，往觀聖跡。以元徽三年，發踵金陵，西游巴蜀，路出河南，道經芮芮，既到于闐，欲度葱嶺，值棧道斷絕，絕於于闐而反，獲佛牙一枚，舍利十五粒，並觀世音滅罪咒及調達品，又得龜茲國金鎚鑷像，於是而還。……獻律行精純，德爲物範，瑯瑘王肅、王融，吳國張融、張綣，沙門慧令、智藏等並投身接足，崇其誠訓，獻以永明之中被敕，與長干寺玄暢同爲僧主，分任南北兩岸。……時暢與獻二僧皆少習律檢，不競當世。……獻以建武末卒，年與暢同（按：暢之春秋七十有五），獻弟子僧祐爲造碑墓側，丹陽尹吳興沈約製文，獻於西域所得佛牙及像皆在上定林寺。

綜合〈法獻傳〉並參照前文所引《出三藏記集》可得以下幾點：（1）法獻係「律行精純」頗受時人稱道之沙門。（2）法獻於元嘉十六年（439）抵定林上寺，至元徽三年（475）離寺西行求法，則僧祐十四歲（458）投定林寺時，法獻即已在寺中。法獻博通經律、德爲物範，自爲僧祐服膺奉事。（3）法獻前往西域目的之一，爲求律典，卻因棧道斷絕，未能到達目的地，從于闐返國，攜回經咒與佛牙。（4）僧祐爲法獻造墓碑，並由沈約製文。

法獻不僅在律學律行上堪爲師表，曹仕邦先生並認爲往後僧祐著作豐碩，受法獻影響最大，〔註47〕因法獻西行意圖，非僅留心中土佛教之弘揚，且盼上溯西方尋根探源；從僧祐所撰《釋迦譜》述及印度聖跡及《出三藏記集》中詳載教法流傳中國故實來看，應可證僧祐之作非純粹之史錄，或欲繼承恩師思想與願望。

〔註46〕宋·贊寧《大宋僧史略》卷中「立僧正」條，即舉法獻、玄暢同任僧主之事爲據。見《大正藏》五十四冊，頁242。

〔註47〕同註30。

4. 法　穎

　　除僧範、法達、法獻外，僧祐本傳說他在受具戒之齡後，又就學於法穎律師。法穎是當代律學大家，傳云：

　　　　（僧祐）年滿具戒，執操堅明，初受業於沙門法穎。穎既一時名匠，

　　　　爲律學所宗，祐乃竭思鑽求無懈昏曉，遂大精律部，有邁先哲。

法穎又爲江南僧主，曾撰十誦戒本，並在多寶寺等地開席講律，《高僧傳・卷十一・齊京師多寶寺釋法穎傳》載：

　　　　釋法穎，姓索，敦煌人，十三出家爲法香弟子，住涼州公府寺，與同

　　　　學法力俱以律藏知名，穎伏膺已後，學無再請，記在一聞，研精律部，

　　　　博涉經論；元嘉末下都，止新亭寺，孝武南下，改治此寺，以穎學業

　　　　兼明，敕爲都邑僧正，後亂辭任，還多寶寺，常習定閑房，亦時開律

　　　　席。及齊高帝即位，復敕爲僧主……撰十誦戒本並羯磨等。〔註48〕

法穎精研十誦，僧祐跟從鑽習甚力，故僧祐一生笹學，受法穎指導最多，關於此點，《出三藏記集》卷十二僧祐自撰〈十誦義記目錄序〉一文亦提及：

　　　　大律師穎上，積道河西，振德江東……學以十誦爲本……教流於京

　　　　寓之中，聲高於宋齊之世，可謂七眾之軍師，兩代之元匠者矣，是

　　　　以講肆之座環春接東，稟業之徒雲聚波沓，僧祐藉法乘緣，少預鑽

　　　　仰，扈錫侍筵二十餘載……。〔註49〕

在此，僧祐不僅推崇法穎，並敍隨侍學律時間達二十多年。若僧祐之言確實，則依〈法穎傳〉所載，法穎於南齊高帝建元四年（482）辭世，得年六十七，僧祐時當三十八歲，若屈指倒退二十年，那麼僧祐最初受業於法穎之齡，應早在受具戒之二十歲前，如此不符本傳之數，故而祐傳「年滿具戒，受業法穎」究係約略之詞？抑或「侍筵二十餘載」乃過溢之說？已難詳加考證，然而，法穎在十誦法律及善造經像方面，爲影響僧祐最深之人。則是千眞萬確的事，〈法穎傳〉說：

　　　　……（法穎）爲僧主，資給事實，有倍常科，穎以從來信施，造經

　　　　像及藥藏。〔註50〕

言法穎當僧眾首領時，齊高帝給養極厚，法穎以施物來造經像立樂藏，僧祐

〔註48〕《大正藏》五十冊，頁402。

〔註49〕《大正藏》五十冊，頁94。

〔註50〕同註48。

克紹師志並加以擴大，例如佛教活動方面，僧祐亦整理經藏（詳「文教事業」一節）；藝術方面，僧祐也曾雕鑄石佛（詳「工藝成就」一節）；學術方面，僧祐則廣演十誦並著《十誦義記》（詳「著述要略」一節），在在說明僧祐將一生貢獻佛法事業，法穎實居於引領地位。

三、弟　子

僧祐學成後，因博學多才、戒德潔嚴，使他深受齊、梁兩代朝野僧俗推重，他的交友，上自帝王（祐傳有「今上深相禮遇」等語。按：「今上」指梁帝武），下有布衣，祐傳謂「凡白黑門徒一萬一千餘人」，僅弟子即達萬人以上，這在其他僧傳並不多見。眾弟子中弘見於僧祐傳者有：

> 開善智藏、法音慧廓，皆崇其德素，請事師禮；梁臨川王宏、南平王偉、儀同陳郡袁昂、永康定公主、貴嬪丁氏，並崇其戒範，盡師資之敬……。

此段顯示僧祐門生廣涉「黑白」兩層面，「白」指俗家入世居士，「黑」是沙門子弟，以下分俗、僧兩部分述其「學生代表」：

1. 在家弟子

（1）臨川王宏

齊高帝蕭道成第六子、梁武帝同父異母弟；天監元年（502），封臨川郡王，官至侍中、太尉，卒諡「靖惠」。據《梁書》謂宏「性寬和篤厚，在州二十餘年，未嘗以吏事按郡縣，時稱其長者」，〔註51〕可見王宏乃一稟性敦和、素行明謹之人。其後，定林上寺經藏的建立及攝山大佛鑒刻，還得到王宏的大力贊助，這些事載於《出三藏記集》卷十二。

（2）南平王偉

臨川王宏之親母弟，天監十七年，梁武帝寺為南平郡王，官曾至中書令、大司馬，諡「元襄」。蕭偉與其兄蕭宏俱以孝知名當世，蕭偉晚年沉潛佛法，《梁書》說他「崇信劍理，尤精玄學，著〈二旨義〉別為新通」。〔註52〕

蕭宏、蕭偉昆仲相偕事佛，結交僧祐執弟子之禮；蕭偉於建安王任內曾

〔註51〕梁‧臨川王宏，劉宋後廢帝元年至梁武帝普通七年間人（473～526），生平事蹟見《梁書》卷二十二、《南史》卷五十一。

〔註52〕見《梁書》卷二十二，蕭偉生卒時間為劉宋後廢帝四年至梁武帝中大通五年（476～533）。

敕僧祐專事剡縣石佛鑄造，事見《高僧傳‧卷十三‧僧護傳》。

（3）儀同陳郡袁昂

袁昂字千里，陳郡陽夏人，仕宦齊、梁，普通三年為尚書令，號開府儀同三司；《梁書》載袁昂「臨終遺疏，不受贈諡，敕諸子『不得言上行狀及立誌銘，凡有所須，悉皆停省』」，〔註53〕知袁昂乃一不期虛名、離俗絕華之人。

（4）永康定公主、貴嬪丁氏

有關永康定公主生平，《梁書》卷七僅載「永康公主玉嬛」，乃梁武帝之女，其他未言隻字，本文以為僧祐中稱「永康定公主」，或為文字衍誤。

貴嬪丁氏姓丁諱令光，乃武帝蕭衍之嬪、昭明太子及簡文帝之母。《梁書》述丁氏曰：

> 不好華飾，器服無珍麗，未嘗為親戚私謁，及高祖弘佛教，貴嬪奉
> 而行之，屏絕滋腴，長進蔬膳。受戒日，甘露降于殿前，方一丈五
> 尺，高祖所立經義，皆得其指歸，尤精《淨名經》，所受供賜，悉以
> 充法事。〔註54〕

從史傳觀之，丁嬪妃非僅出於梁武帝崇信三寶而依樣奉行，當發自宅心本懷，方能致之。

僧祐傳中所以列出梁室屈指可見人物以祐為師，其目的蓋為說明僧祐之學識風範為時人所重，方使王公國戚能紆尊就教；復次，此等權貴，雖行弟子之禮，實與僧祐維繫師友情誼，僧祐化導之餘，尚可藉助王室地位，作風行草偃之號召，普施法雨，有助佛教傳揚光大。

2. 釋家弟子

居士請益，固然道心可感，惟能專務道業、親炙薰陶者，又非出家人莫屬，是以僧祐門棣雖眾，仍賴釋家弟子紹其衣缽，較著名者有如下述：

（1）智 藏

僧祐傳中提及的智藏，乃梁代三大法師之一，生於宋孝武帝五年，卒於梁武帝普通三年（458～522），道宣《續高僧傳》卷五〈梁鍾山開善寺智藏傳〉

〔註53〕袁昂生於劉宋孝武帝孝建八年，卒於梁武帝大同六年（461～540），生平見《梁書》卷三十一、《南史》卷二十六。

〔註54〕《梁書》卷七，丁貴嬪生年為齊武帝永明三年至梁武帝普通七年（485～526）。

〔註55〕說，智藏年十六出家。後來「事師上定林寺僧遠、僧祐」。智藏習「十誦」外，亦涉其他經論，「凡講大小品、涅槃、般若、法華、十地、金光明、成實、百論、阿毗曇等，各著義疏行世」，故〈智藏傳〉讚他「戒德堅明，學業通奧」，天子榮貴無不來敬。

智藏不僅學行兩全，且辯才無礙，最有名之例，即梁武帝大同年間，武帝欲親任僧官，統馭沙門，諮詢眾僧，無人敢違，獨智藏抗辯，義正辭嚴，武帝終有所感，收回敕令。

智藏之學廣涉，非全盤承襲僧祐，然以智藏當時所享令名，猶以僧祐弟子自居，亦可看出僧祐之聲名威望。

（2）明　徹

明徹是僧祐名弟子之一，僧祐本傳卻未提到他，幸而《續高僧傳》卷六有〈梁揚都建初寺釋明徹傳〉，並說明二人結為師徒之因緣：

> 齊永明十年，竟陵王請沙門僧祐三吳講律，中途相遇，雖則年齒相
> 殊，情同莫逆，徹因從祐受學十誦，隨出揚都住建初寺。自謂律為
> 繩墨憲章儀體，仍遍研四部，校其興廢，當時律辯莫有能折。〔註56〕

僧祐在講學途中與明徹不期而遇，從「年齒懸殊」看來，明徹當時應十分年輕（明徹生年不詳），與僧祐成忘年之交，並為僧祐入室弟子，住進建初寺。

南朝律學昌盛，明徹不僅從祐學十誦，還遍研四部廣筟、精習其他經論，由於當時傳來律典駁雜晦澀，梁武帝委以明徹重任，希望他能刪繁補略，俾便閱用：

> 帝以律明萬行，條章富博，願攝取簡要以類相從，天監末年，敕入
> 華林園，於寶雲僧省，專功抄撰，辭不獲免。〔註57〕

華林園寶雲經藏，是梁御用藏經之處，非學行高人不得預列，明徹學養造詣由此可見一斑。

明徹卒於梁普通三年（522），與師僧祐同葬，在定林寺。

（3）寶　唱

寶唱是僧祐重要弟子，有關寶唱之生平、學術、著作，值得深研之處極多，然限於主題與篇幅，本文僅選擇與僧祐有關者敘述。

〔註55〕《大正藏》五十冊，頁 465～467。
〔註56〕《大正藏》五十冊，頁 473。
〔註57〕同註 56。

寶唱約生於劉宋泰始元年（465）前後，十八歲從僧祐出家，《續高僧傳・卷一・梁楊都莊嚴寺沙門寶唱傳》載：

> 年十八，投僧祐律師而出家焉，祐江表僧望，多所著述。唱既始陶
> 津，經律諮稟，承風建德，有聲宗嗣，住莊嚴寺，博採群言，酌其
> 精理。又惟開悟士俗，要以通濟爲先，乃從處士顧道曠、呂僧智等，
> 習聽經史莊易。〔註58〕

意謂寶唱雖從僧祐學律，但爲渡化信眾，故不限於內學，尚遍涉其他外典，由此奠定了他博學多識基礎。〈寶唱傳〉中記錄他日後自撰和編輯之書籍著墨甚多，爲免冗長，本文不引原典，而據傳中所言略述如下：

天監四年（505），寶唱住新安寺，先後與僧旻編《眾經要抄》，襄智藏撰《義林》，協僧朗集成《大般涅槃經注》又助蕭綱完成《法寶聯璧》，並自撰《續法輪論》七十餘卷、《法集》一百三十卷。天監十一年（512），參與僧伽婆羅譯場，筆受《阿育王經》等十一部經。〔註59〕天監十三年，開始自著《名僧傳》三十一卷；天監十五年，重撰《華林佛殿眾經目錄》四卷（原錄乃僧紹所撰，武帝不滿意，又敕寶唱重撰），寶唱因受見重，掌華林園寶雲經藏，廣收遺佚經籍，同年，又撰《經律異相》五十五卷和《比丘尼傳》四卷；此外，還著《眾經飯供聖僧法》等五種十七卷及《出要律儀》二十卷。

從上述洋洋大觀書目來看，無論參修或自撰，寶唱亦可稱是「著作等身」之人，惜今完整尚存者唯《經律異相》與《比丘尼傳》兩部而已，餘皆亡佚或部分散失。

值得注意者，寶唱編撰書籍甚多，但與僧祐之著述走向，卻頗有類同之處，如僧祐除《十誦義記》外，其他作品率爲佛教文史類集，寶唱《經律異相》即近似僧祐《釋迦譜》，後者言釋尊生平事跡，前者廣說釋門典故；僧祐著《弘明集》，寶唱亦撰《續法輪論》與《法集》，此三書皆編纂有關佛學文章而成。僧祐著《出三藏記集》（通稱「祐錄」），寶唱亦有《華林佛殿眾經目錄》（學者稱寶唱錄），〔註60〕另外，《名僧傳》尤其受到《出三藏記集》中列

〔註58〕《大正藏》五十冊，頁426～427。

〔註59〕《續高僧傳・卷一・梁楊都正觀寺扶南僧伽婆羅傳》言寶唱參與筆受譯經：「初翻經日，於壽光殿，武帝躬臨法座筆受其文。然後乃付譯人，盡其經本，敕沙門寶唱、慧超、僧智、法雲、袁曇充等相對疏出。」《大正藏》五十冊，頁426。

〔註60〕本小段僧祐、寶唱著作比較，乃參考曹仕邦先生意見，資料來源同註30。

傳部分影響，更是不爭事實（詳見「著述要略」一節）。《名僧傳》序文中，寶唱自謙其成書終始乃是因為：

> 律師釋僧祐，道心貞固，高行越逸，著述諸記，振發宏要，寶唱不敏，預班二落，禮誦餘日，捃拾遺漏。〔註61〕

寶唱表示協助僧祐結集成冊之餘，捃拾群書，「遍尋經論使無遺失，搜括列代僧錄，創區別之」〔註62〕才完成《名僧傳》。事實上，《名僧傳》雖受《出三藏記集》啟發，然其貢獻，仍有僧祐不及處，〔註63〕成為今日研究中世紀佛學史不可缺之史傳資料，此是寶唱踵跡乃師卻又超邁之處。

（4）劉勰（釋慧地）

著名文學理論批評家劉勰（464～532）〔註64〕亦是僧祐門人，在著述方面，僧祐對其倚重程度，恐無人能出其右。本文將劉勰列入僧祐釋家弟子，乃因史書載劉勰在定林寺依止僧祐多年後，終出家為僧：

> （劉勰）與慧震沙門於定林寺撰經證，功畢，遂啟求出家，先燔鬢髮以自誓，敕許之，乃於寺變服，改名慧地，未期而卒。〔註65〕

劉勰在定林寺一償出家夙願，可惜不到一個月即辭世。

正史對有關劉勰與僧祐間之事蹟記載如下：

> 劉勰，字彥和，東莞莒人……勰早孤，篤志好學，家貧不婚娶，依沙門僧祐，與之居處，積十餘年，遂博通經論，因區別部類，錄而序之，今定林寺經藏，勰所定也。〔註66〕

劉勰從僧祐學佛，博通經論，對佛教有很深研究，故在定林寺協助僧祐整理

〔註61〕 同註58。

〔註62〕 同註58。

〔註63〕 湯用彤《漢魏兩晉南北朝佛教史》第十五章〈南北朝釋教撰述〉指出，《名僧傳》今無傳本，僅存抄本，抄本係日本釋宗性在文曆二年（宋理宗端平二年，1235）於東大寺摘出之卷，稱《名僧傳鈔》，收於卍續藏經。抄本重點雖放在有關彌勒感應上，但仍保存部分原書面貌；從中可知，寶唱廣求僧侶事蹟，撰成一完整分科僧傳，比起《出三藏記集》列傳專述譯經沙門，確有進步之處。其二，寶唱在其書目錄僧名上，必誌時代與寺名，如「吳建初寺康僧會」，若無寺名，則代以地名，如「晉豫章山康僧淵」，其體例為日後三種僧傳所承襲，此是祐錄不足之處，也是寶唱重要貢獻。

〔註64〕 劉勰生年采范文瀾《文心雕龍·序志篇注》言，彥和約生於宋武帝大明八年（464）。

〔註65〕 《梁書》卷五十，《南史》卷七十二。

〔註66〕 同註65。

佛典，並參與編輯群書，因此之故，對僧祐本傳中所言：

> 祐集經藏既成，使人抄撰要事，爲三藏記、法苑記、世界記、釋迦
> 譜及弘明集等皆行於世。

一般咸指「使人抄撰要事」之人，應爲劉勰無疑；〔註67〕亦有從文氣辭氣、文句相仿證明劉勰曾爲僧祐捉刀，部分僧祐著作，雜有劉勰代筆影子，〔註68〕本文不擬探究此一眞僞，然而從劉勰學通古今、文采斐然驗之，必予僧祐大力襄助，師徒二人合作無間，故祐圓寂後，由劉勰製作碑文致悼。

　　劉勰不僅爲僧祐左右手弟子，其才學亦見賞於篤信釋教的梁武帝，梁武帝多次借助定林寺蒐羅經藏之豐，命人至定林寺從事佛經抄錄，劉勰亦與之，如《續高僧傳・卷五・梁揚都莊嚴寺僧旻傳》云：

> 選才學道俗釋僧智、僧晃、臨川王記室東莞劉勰等三十人，同集上
> 定林寺抄一切經論，以類相從，凡八十卷。〔註69〕

《梁書・劉勰傳》亦提及：

> 勰爲文長於佛理，京師寺塔及名僧碑誌，必請勰製文。〔註70〕

劉勰、寶唱、明徹、智藏，均是僧祐傑出弟子，他們拜師習道之餘，皆因學通內外，成一家之言，方能輔佐僧祐完成文章弘法大業，從僧祐弟子身上，或可想見當日僧祐門庭之風度與文采。

第三節　世業貢獻

　　本節所述係指僧祐參與社會佛教學業活動之成就，分成造立經藏、說法傳戒、汰簡僧眾等項。

一、文教事業

1. 造立經藏

〔註67〕參考王更生〈梁・劉彥和先生年譜〉，收於王著《文心雕龍研究》一書。

〔註68〕存此疑者，見於清・嚴可均《全梁文》卷七十一釋僧祐條下傳注；近人姚明達《中國目錄學史・宗教目錄篇》、范文瀾《文心雕龍・序志篇》、潘重規〈劉彥和佐僧祐撰述考〉刊於《新亞學報》第十五卷。

〔註69〕《大正藏》五十冊，頁462。

〔註70〕同註65。另《高僧傳》卷八、卷十二云，僧祐曾爲梁代名僧僧柔、超辯立碑墓，均由劉勰製文；嚴可均《全梁文》卷六十另收劉勰所作〈梁建安王造剡山石城寺石像碑文〉。

齊梁時代，流行於社會上的佛教典籍已十分豐富，但譯經散亂，眞僞雜糅的現象也很嚴重，〔註71〕這必然影響人們對佛理的把握與佛教進一步發展，亟需有人出來對佛經加以匯集、整理，於是，僧祐在中國佛教史上，做了第一個建立經藏圖書的工作。

僧祐造立經藏目的，非唯單純釐定典冊，另外還與僧祐著作工作有關。僧祐多部著作皆需透過編集文獻方得完成，如此，完整的經藏勢有成立必要；至於開始出現創建經藏的動機，應是淵源於其師法穎。本章「師承」一節提過法穎「以從來信施造立經藏及藥藏」，到了僧祐，更擴大此一事業，將自己所得來的布施，悉數用以興建寺廟，並在建業城內建初寺和鍾山腳下的定林寺營建般若台，〔註72〕廣泛搜聚卷帙，此事還得到僧祐在家弟子臨川王宏的大力支持，劉勰也隨之從事整理釐定，並區別部類加以序錄，後來慧皎稱贊僧祐造立經藏、搜校卷軸「使夫寺廟廣開，法言無墜」深具功績，定林寺亦因之遠近馳名，儼然成爲佛教文化中心；前文所引〈寶唱傳〉與〈僧旻傳〉皆記載梁武帝屢次命僧侶齊集定林寺抄撰經論，蓋爲方便取資經軸之故，而成立經藏圖書隨之需具備的辨識眞僞工人，又可視作僧祐在文獻學上的另一貢獻。

2. 說法傳戒

僧祐除了建立圖書、自撰成文之外，其一生亦以宣講「十誦」爲主要事業。觀其自述對於律學「且夕諷持四十許載，春秋講說七十餘遍」（《祐錄·法集總目錄序》），可以概見一席度不暇暖，勤於講事情境。

僧祐與齊竟陵文宣王蕭子良交情匪淺，〔註73〕文宣王經常請僧祐講律，

〔註71〕 湯用彤《漢魏兩晉南北朝佛教史》第十五章論及南北朝僞書時指出，六朝造僞之風盛行，佛典亦多僞造，在道安作目錄時，即發現有疑僞經，《安錄》所載僞經有二十五部、二十八卷。一百三十年後，僧祐考訂之僞經增至四十五部、二百五十七卷。

〔註72〕 《出三藏記集·卷十二·法苑雜緣原始集目錄序》載有〈定林上寺建般若台大雲邑造經藏記〉及〈建初寺立般若台經藏記〉，《大正藏》五十五冊，頁92。

〔註73〕 《南齊書》卷四十載蕭子良信佛，永明五年，子良移居雞籠山西邸，不但集聚文士，並招名僧與會講述佛法。蕭子良所邀的僧人名單，雖未詳錄於史書，但據《出三藏記集》顯示，僧祐也是其中之一。該書卷十二有〈齊太宰竟陵文宣王法集錄序〉僧祐自言「祐昔以道緣，預屬嘉會，律任法使，謬荷其寄」；此外，子良編撰《法集》時，僧祐亦爲之集錄作序，由此可見僧祐與蕭子良情誼。《大正藏》五十五冊，頁85。

祐傳云：

> 竟陵文宣王每請講律，聽眾常七、八百人。

《出三藏記集・卷十一・略成實論記》亦曰：

> 齊永明七年十月，文宣王昭集京師碩學名僧五百餘人，請定林僧柔
> 法師，於普弘寺迭講；欲使研覈幽微、學通疑執，即座仍請祐及安
> 樂智稱法師，更集尼眾二部七百餘人，續講十誦律志，令四眾淨業
> 還白……八年正月二十二日解座。〔註74〕

　　僧祐不但頻頻參預講席，且一次講期，歷數月之久，可謂辛勤備至。僧
祐說法，不外期使僧俗篤信三寶三學，因此每當有人皈依持戒，身為一代法
師，僧祐往往受邀主持受戒儀式，祐傳有言：

> 永明中，敕入吳（今蘇州紹興一帶），試簡五眾，並宣講十誦，更伸
> 受戒之法……年衰腳疾，敕聽乘輿入內殿，為六宮受戒，其見重如此。

從齊至梁、從壯年至暮年，即使年衰體病，梁武帝還格外開恩，請他乘轎直
入內殿為六宮受戒，僧人受到帝王禮遇，至僧祐可謂已達登峰造極之地。

　　此外，僧祐傳又曰：

> 今上深相禮遇，凡僧事碩疑，皆敕就審決。

今上指梁武帝，凡遇佛教界大小疑難雜症，皆請僧祐等人裁量，其中有一重
要任務即是「汰簡僧眾」。

　　晉宋以來，佛徒遽增，良莠不齊，部分沙門敗行叢生，宋孝武帝時即曾下
詔沙汰僧徒，〔註75〕後至梁武帝，甚欲自任僧官管理僧眾，後雖作罷，〔註76〕
但佛教界德高望重如僧祐者，則每受命汰簡僧徒，例如天監九年，道人妙光偽
造佛經以欺世詐財，僧祐等奉敕審訊：

> 其年四月二十一日，敕僧正慧超，令喚京師能講大法師，宿德如僧
> 祐、曇准等二十人，共至建康前辯妙光事。超即奉旨，與曇准、僧
> 祐、法寵、慧令、慧集、智藏、僧旻、法雲等二十人於縣辯問，妙
> 光伏罪，事事如牒，眾僧詳議依律擯治。

　　汰簡沙門，如同法官問案，務須作到勿枉勿縱，誠屬費時費神、事

〔註74〕《大正藏》五十五冊，頁78。
〔註75〕《宋書・卷九十七・天竺迦毗黎國傳》言，宋孝武帝大明二年下詔曰：「佛法
　　　　訛替，沙門混雜，未足扶濟鴻教，而專成逋藪。加姦心頻發，凶狀屢聞，敗
　　　　亂風俗，人神交怨，可付所在，精加沙汰，後有違犯，嚴加誅坐。」
〔註76〕《續高僧傳・卷五・梁鍾山開善寺釋智藏傳》，《大正藏》五十冊，頁465～467。

繁責重。

以上析述，雖不足囊括僧祐全數佛事，然已可看出僧祐社會活動力之強大。

二、工藝成就

六朝隨著佛教逐漸傳播，佛教藝術也有了長足發展，石窟造像、寺塔建築，猶如雨後春筍遍布大江南北，唐代詩人杜牧即有詩云「南朝四百八十寺，多少樓台煙雨中」，其實，當時寺廟的實際數目，應遠遠超過此數，與此同時，也湧現一批佛教藝術師、建築家，僧祐是其中值得一提的人物。

僧祐不僅對佛學文史有很大貢獻，在佛教藝術上也極有造詣，他所編撰的《法苑集》搜集了許多有關佛教樂舞、雕像等資料，凸顯出他對佛教藝術的興趣與修養，僧祐的藝術才能特別表現在他設計建造的佛像上面。僧祐傳記載：

> 祐爲性巧思，能自準心計，及匠人依標，尺寸無爽，故光宅、攝山大像、剡縣石佛等，並請祐經始，準畫儀則。

僧祐心思靈巧且目光精準度與尺規無差，傳文提到三處佛像分別是光宅寺無量壽佛銅像、剡縣彌勒石佛、棲霞山無量壽佛，以下依序說明：

1. 光宅寺無量壽佛銅像

光宅寺鑄像事，見於《高僧傳·卷十三·梁京師正覺寺法悅傳》：

> 昔宋明皇帝經造丈八金像，四鑄不成，於是改爲丈四。悅乃與白馬寺沙門智靖，率合同緣，卻改造丈八無量壽像以神厥志……以天監八人五月三日於小莊嚴寺營鑄……時悅靖二僧相次遷化，敕以像事委定林僧祐，其九月二十六日，移像光宅寺。〔註77〕

這座光宅寺佛，在劉宋明帝時四鑄不成，至梁始鑄於小莊嚴寺，然工程途中，鑄造僧人圓寂；梁天監八年（509），僧祐奉帝命接手主持塑像任務，終於完成工程龐大的無量壽佛金身，像高九丈，共用去銅四萬餘斤，〔註78〕其造型莊嚴精美，號稱「東方第一」〔註79〕竣事後，像移往光宅寺保存。〈法悅傳〉尚言，佛教遷移之際，出現靈異之象，冥冥中彷彿有神佑，這些固屬傳說之

〔註77〕《大正藏》五十冊，頁412～413。

〔註78〕同註77，文云：「匠本量佛身四萬斤銅，融瀉已竭，尚未至胸，百送銅不可稱計，投諸爐治，隨鑄而模內不滿，猶自如先又馳啓聞，敕給功德銅三千斤……及至開模量度乃湧成丈九」。

〔註79〕同註77，文云：「自蔥河以左，金像之最，唯此一耳」。

詞，卻也反映了當時人門對此像的信仰與崇敬。惟令人歎息者是，此光宅寺佛像未能保存下來，而與此幾乎同時，由僧祐修造的剡縣石佛則遺留迄今。

2. 剡縣彌勒石佛

　　剡縣石佛在今浙江新昌縣（原剡縣）寶相寺，寺在城南二里的石城山，[註80] 石城山山明水秀，自古以來爲江南勝地，《高僧傳・卷十三・梁剡石城山僧護傳》中說明了石佛的製作經過與年代：[註81]

> 石城山有座隱岳寺，南齊建武時，僧護住持該寺，曾立誓塑造十丈高彌勒佛，然而「僅成面樸」就染疾身亡，後有沙門僧淑繼續造像事業，亦未竟功；及至天監七年（507），「敕遣僧祐律師專任像事」僧祐後至隱岳寺留止若干年，他嫌僧護當初所創鑿的佛龕過淺，又鏟入五丈，「像以天盛十二年春就功，至十五年春竟，坐軀高五丈，立形十丈，龕前架三層台，又造門閣殿堂」這尊大佛石像，前後歷時約二十年，並經僧護、僧淑、僧祐三人之手，最後終由僧祐完成，世稱「三生石佛」。[註82]

今人金維諾著〈僧祐與南朝石窟〉一文提到剡縣石佛鑄造一事說：

> 這樣身高百尺的大佛，在當時南北方都是較少的，而從各部分的尺度比例來看，顯然能看出僧祐在製作這一佛像上「準畫儀則」的才能。由於佛身的高大，爲了適應觀眾向上仰視的效果，頭部的尺寸較大；雖是雕鑿的坐像但又同時考慮到了起立時的尺度，各部如何相稱。[註83]

由此可以想見，僧祐當日如何「向壁虛構」，匠心獨運地把心中圖樣準確地鑴刻到石頭上去，且能比例勻稱，造型優美，顯然，僧祐不只是雕塑佛像高手，也是一位精於建築的設計師。

3. 棲霞山無量壽佛

　　僧祐本傳中提到的「攝山大像」，乃今南京棲霞山棲霞寺佛像。南朝時

〔註80〕地理考證資料依據金維諾著《中國美術史論集・僧祐與南朝石窟》，頁109～110。

〔註81〕《大正藏》五十冊，頁412。

〔註82〕宋・志磐《佛祖統計》卷三十六亦記載僧祐營建剡城石佛事，其中有：「師即僧護、僧淑、僧祐……故世稱爲三生石佛」，《大正藏》四十九冊，頁347。

〔註83〕同註80。

稱棲霞山為攝山，始建棲霞寺，〔註84〕而陳代江總在所撰〈攝山棲霞寺碑銘〉
〔註85〕記載：明僧紹有意在攝山鑿石為像，惜未償願。紹之子仲璋完成父志，
於齊永明二人首次在西崖雕刻佛菩薩像，此即現存無量壽佛殿之前身；此
後，經濟文惠太子、豫章文獻王、竟陵文宣文及梁臨川王等出資依山造像（《出
三藏記集》卷十二〈法苑集〉目錄中有「太尉臨川王成就攝山龕大石像記」），
由僧祐規畫盛造。僧祐將原佛殿屋宇及佛像姿勢加以改造，形成中坐無量壽
佛，左右兩側分立觀世音與大勢至菩薩像，各高約十米；無量壽佛殿後尚有
千佛岩，至今仍存。

　　上述三處佛像，皆經長期籌畫興工，終由僧祐刻造，方得完峻，從僧祐
不凡的工藝，亦可一窺南朝雕像規模與水準，唯近代佛教藝術文獻鮮少加以
載錄，甚以為憾！

第四節　著述要略

　　佛教至南北朝時撰著已繁，作者也不限於一般文人，翻開《高僧傳》、《續
高僧傳》，方外之士輩出，或譯經或注疏或議論，然如僧祐能集編、撰於一身，
質量宏富，兼具歷史價值者並不多見。

　　僧祐傳言其著作包括：「三藏記、法苑記、世界記、釋迦譜及弘明集」共
五部，但從《出三藏記集》僧祐自述得知，實際之數不止五部而已，因此慧
皎在寫成僧祐傳時，或有遺漏可能。在《出三藏記集》卷十二，僧祐不但記
錄了自己全數作品，且撰序文分別扼要說明其著作因由：

> 仰稟群經，傍採記傳，事以類合，又以例分，顯明覺應，故序釋迦
> 之譜；區辯六趣，故述世界之記；訂正經譯，故編三藏之錄；尊崇
> 律本，故詮師資之傳；彌綸福源，故撰法苑之篇；護持正化，故集
> 弘明之論；且少受律學，刻意毗尼……既稟義先師，弗敢墜失，標
> 括章條，為律記十卷；並雜碑記，撰為一帙；總其所撰，凡有八部。
>
> 〔註86〕

僧祐自言撰述有八種，且在文後列舉八種書目、卷數：

〔註84〕同註82。
〔註85〕江總之文見《金陵梵刹志》卷四，收於《中國佛寺志》第一輯第四冊。
〔註86〕《大正藏》五十五冊，頁87。

釋迦譜五卷

世界記五卷

出三藏記集十卷（按：現行本爲十五卷）

薩婆多部相承傳五卷

法苑集十卷

弘明集十卷（按：現行本爲十四卷）

十誦義記十卷

法集雜記傳銘七卷

八書存於今世者惟《釋迦譜》、《出三藏記集》、《弘明集》三種，餘皆亡佚，僅在《出三藏記集》中留下篇目，至於餘書亡佚之因，一言以蔽之，乃唐・智昇《開元釋教錄》未收入藏之故，[註87] 換言之，《開元釋教錄》只收了僧祐《釋迦譜》、《出三藏記集》、《弘明集》，餘皆不取，不取入藏原因，如《開元釋教錄》卷十三末言：「若寫經藏隨情取捨，諸餘傳記，雖涉釋宗，非護法者，此中不錄。」[註88] 可見智昇是採選擇性收書入藏，難免有遺珠之憾，而後世大藏經大抵以《開元釋教錄》爲底本，故僧祐其他著作便因此而亡。

　　本文將僧祐八部書籍，不分存佚，以類相從，區別成律部、佛傳、經錄、文集四項，略述其成書時間、內容特質、價值貢獻及其他：

一、律　部

1. 《薩婆多部相承傳》佚

　　僧祐學行致力律部已如前述，且尤精「十誦律」。十誦律屬戒律學「薩婆多部」一派，據《出三藏記集・卷三・新集律來漢地四部序錄》中僧祐解釋：薩婆多者，梁言一切有（按：即小乘說一切有部）；該律最先由弗若多羅口誦來華，於姚秦弘始中與鳩摩羅什共譯，始得二分而多羅卒，後由曇摩流支、卑摩羅又與羅什續譯，共六十一卷。以誦爲名，怕在法應持誦故也。[註89]

　　僧祐著《薩婆多部相承傳》其內容歷述從天竺流化罽賓乃至中土的薩婆多部十誦律學師承次第，因書內主體皆爲律學大師，故隋・法經《眾經目錄》

[註87] 《開元釋教錄》卷六曰：「（僧祐）自肅齊末爰及梁代，撰釋迦譜等三部，自外，法苑集、世界記、師資傳等，以非入藏，故闕不論。」《大正藏》五十五冊，頁537。

[註88] 《大正藏》五十五冊，頁625。

[註89] 《大正藏》五十五冊，頁21。

卷六記載僧祐此一作品時，即題名爲《薩婆師諮傳》；〔註90〕唐・道宣《大唐內典錄》卷四亦著錄爲《薩婆多部相承傳》〔註91〕較能切實傳達《薩婆多部相承傳》主旨。

六朝時，江南盛行十誦律，由於僧祐此一撰作，使得久已失傳的薩婆多部十誦律學來源和承傳狀況，找到了可尋線索。

至於《薩婆多部相承傳》的寫作時間，據〈薩婆多部記目錄序〉中僧祐自稱：

> 祐幼齡憑法，季踰知命，仰前賢之弘慈，奉先師之達德，猥以膚淺，
>
> 承業十誦……此撰述之大旨也。〔註92〕

既言「季踰知命」，當始作於齊明帝建武二年（495），僧祐時年五十一，完成則應至梁天監以後。〔註93〕

2. 《十誦義記》佚

僧祐有關律學著述，包括《薩婆多部相承傳》和《十誦義記》二部，前者屬歷史範圍，記錄律學的師承傳記；後者屬義理範圍，亦是僧祐對律學的理解演繹，內容有〈七法〉、〈八法〉、〈雜誦尼律〉等篇。

《十誦義記》完書年代，若依〈法集總目錄序〉各書排列順序及〈十誦義記目錄序〉：「仰惟十誦源流，聖賢繼踵，師資相承業盛東夏……」之語推斷，應是《薩婆多部相承傳》完成之後所定，但內容則是僧祐斷斷續續完成，非一氣呵成。〔註94〕

二、佛 傳

3. 《釋迦譜》存

〔註90〕《大正藏》五十五冊，頁146。

〔註91〕《大正藏》五十五冊，頁265。

〔註92〕《大正藏》五十五冊，頁89。

〔註93〕《薩婆多部相承傳》據日本學者內藤龍雄〈僧祐的著作活動〉一文指出完成於梁天監三年；不過，內藤龍雄舉證不足，故本文未採用。〈僧祐的著作活動〉收於印度學佛教學研究第二十卷第一號。本文所以認爲完成於梁武帝天監之後，係因《薩》書記載了中土最後弘傳十誦的是智稱法師，核以《高僧傳》卷十一〈智稱傳〉，指智稱卒於齊永元二年（500），因此本文推斷僧祐成書可能在天監元年（502）以後。

〔註94〕〈十誦義記目錄序〉言：「……昔少述私記，辭句未整，而好事傳寫數本兼行，今刪繁補略，以後撰爲定。」

　　《釋迦譜》爲現存中國所撰佛傳中最古的一種，僧祐在〈法集總目錄序〉說明此書撰述旨在「顯明覺（按：明覺乃佛之意）應」，寫釋迦牟尼「爰自降胎至於分塔，偉化千條，靈瑞萬變」經過，〔註95〕也就是釋迦牟尼自降生乃至出家修道成佛，化身千萬的一代傳奇事跡，裡面充滿神異色彩。

　　僧祐完成《釋迦譜》之前，釋迦牟尼的事跡散見於其他經、律或傳記中，但多「首尾散出」或「群言參差」需連貫首尾，會通異說，加以總集，方俾觀覽，因此作者綜合各種經傳中的釋迦史實，上溯佛的氏族來源，下至佛滅後法化流布止，原始要終地匯編成《釋迦譜》一書。由於是匯編群書而成，故本書體例是「抄集眾經，述而不作」（序言），總計所抄典籍有三十餘種，因此對古來讀者而言，此書有佛傳「類書」功用價值。唐代，道宣病其太繁，便重加刪節，成爲僅一卷的《釋迦氏譜》，〔註96〕完整簡要，便於初學。

　　有關《釋迦譜》的版本流傳、歷代彙抄及藏經、非藏經著錄等問題，可查看陳勁榛《釋迦譜研究》一書，〔註97〕本文不贅言。

　　另外值得一提的是僧祐全部著作中，《釋迦譜》完成最早，時在齊代。根據《續修四庫全書提要·子部·釋迦譜》云：

　　　　此譜蓋作於齊世，故文中梵華名義，皆作「齊言」云云。

《釋迦譜》內文遇有胡語處，僧祐即以齊代之漢音漢義作解釋，如《釋迦譜·第二·釋迦賢劫初姓瞿曇緣譜》引《十二遊經》文云：

　　　　計菩薩身終始並前後，八萬四千遮迦越王。〔註98〕

文下接著有注言：

　　　　遮迦越，齊言飛行皇帝，即轉輪王也。〔註99〕

此類尚有他例，可證《釋迦譜》確爲蕭齊時之作。

三、經　錄

4. 《出三藏記集》存

　　《出三藏記集》是現存最古的佛教經籍目錄、譯經文獻并傳記，後世又

〔註95〕〈釋迦譜目錄序〉，《大正藏》五十五冊，頁87。
〔註96〕道宣《釋迦氏譜》見《大正藏》五十冊，頁87～99。
〔註97〕陳勁榛《釋迦譜研究》，爲文化大學中文所七十九年碩士論文。
〔註98〕《大正藏》五十冊，頁3。
〔註99〕同註98。

簡稱爲《祐錄》。

本書何以定名《出三藏記集》？僧祐不曾詳言，陳援庵先生《中國佛教史籍概論》卷一則作了分析：

出三藏記集者，記集此土所出翻譯經律論三藏也。

考察僧祐當初在定林寺、建初寺造立經藏、校理佛典之時，深感許多經書文有同異、譯人與譯時不明情形，特別在東晉道安編《綜理眾經目錄》之後：「妙典間出……而年代人名莫有銓貫，歲月逾邁，本源將沒，後生疑惑，奚所取明？」〔註100〕爲了解決這一矛盾，他立志總集眾經、遍覽群錄，所謂「沿波討源，綴其所聞」，〔註101〕遂編撰了《出三藏記集》。由僧祐自述編纂動機，知其是在道安經錄基礎上，旁考諸目，保存了早期譯經珍貴資料。

由於僧祐編集《出三藏記集》的主要目的在「沿波討源」，考訂譯經的譯者、年代及眞僞，因而將全集分成四部分：甲、撰緣記。乙、銓名錄。丙、總經序。丁、述列傳。此四大組織既重視記錄經目又保存了史料內容，〔註102〕開創目錄與史料並重、互相參證的體例，此亦是該書特色所在。四項中，銓名錄雖是書中主體，但總經序、述列傳則帶給後人極多學術貢獻，〔註103〕尤其最後三卷列傳，開啓了中國僧史傳述之端緒，〔註104〕難怪在唐・魏徵所著《隋志》史部雜傳中，誤以《高僧傳》爲僧祐作品。〔註105〕

《出三藏記集》的著作年代，歷來說法不一，或說成於齊・建武間，〔註

〔註100〕《大正藏》五十五冊，頁1。

〔註101〕同註100。

〔註102〕《出三藏記集》卷一序云：名曰出三藏記集，一撰緣記，二銓名錄，三總經序，四述列傳。緣記撰則原始之本克昭，名錄銓則年代之目不墜，經序總則勝集之時足徵，列傳述則伊人之風可見。《大正藏》五十五冊，頁1。

〔註103〕湯用彤《漢魏兩晉南北朝佛教史》第十五章說：「此後二部，貽後人以無數研究資料，極爲可貴。」

〔註104〕在《出三藏記集》之前，中國尚無僧傳著作，僧祐首先在《出三藏記集》寫出釋經僧傳三卷，並啓發導引弟子寶唱撰製《名僧傳》。以後慧皎的《高僧傳》又以寶唱的《名僧傳》爲底本加以考訂增減而成，而現今十四卷本《高僧傳》中，即可見到僧祐《出三藏記集》所撰的列傳三十二篇已被完全採入而略事移改，其餘《高僧傳》所有篇目，也多可在寶唱《名僧傳》裡對照檢出，可見慧皎《高僧傳》直接或間接都受到僧祐影響。

〔註105〕《隋書》卷三十三。

〔註106〕梁啓超〈佛家經錄在中國目錄學之位置〉一文言：「祐雖終於梁代，其書則成於建武中。」該文收於《佛學研究十八篇》。安：梁氏之言，似據隋・費長房

106〕或曰天監十四年以前，〔註107〕本文據兩則資料：第一，《出三藏記集》卷七所收王僧儒〈慧印三昧及濟方等學二經序讚〉中有「天監之十四年十月二十三日」之語，知其成書年代不會早於天監十四年。第二，《出三藏記集》卷八載大梁皇帝注解大品經序曰：「此經東漸二百五十有八歲，始於魏甘露五年至自于闐」以此推算，自魏高貴鄉公甘露五年，下至梁天監十七年（260～518）恰為二五八年，如此，天監十七年，也極可能是《出三藏記集》成書之年，亦是僧祐逝世之歲，故知《出三藏記集》成書甚晚。

　　《出三藏記集》因具較高學術價值，是以近代採用它或研究它的學者甚多，〔註108〕並予以高度贊揚，然其編撰時代較早，勢有不足之處，〔註109〕儘管如此，其仍不失為中國佛教史上，現存第一部佛經目錄集大成者及藏經著錄之先聲。

五、文　集

5. 《世界記》佚

　　《世界記》今已不存，但從序文和目錄仍可看出此書乃僧祐從佛教觀點述其宇宙天地觀，著書動機則在於：

　　　《歷代三寶記》而來。

〔註107〕姚名達《中國目錄學史・宗教目錄篇》：「齊建武年，此蓋草創之時耳，祐所新撰賢愚經記，記有天監四年之事，亦已收入祐錄，因知其書必成於此年以後，天監十四年以前。」

〔註108〕與《出三藏記集》有關的文章書冊，可謂汗竹充棟，著名者可以下述代表：
　　（1）清・嚴可均《全南北朝文》將《出三藏記集》中的經序及後記全數採錄。
　　（2）梁啓超在〈佛教經錄在中國目錄學之位置〉說：「吾儕試一讀僧祐、法經、長房、道宣諸作，不能不歎劉略班志荀簿阮錄之太簡單太素樸，且痛惜於後此踵之作者之無進步也⋯⋯。」
　　（3）姚名達《中國目錄學史・宗教目錄篇》有專章研究「現存最古之出三藏記集」。
　　（4）陳援庵《中國佛教史籍概論》在體製、內容、特色上有詳細介紹。
　　（5）湯用彤《漢魏兩晉南北朝佛教史》第十五章有：「本期所出目錄甚多，方法頗不一致，惟梁僧祐於天監年作出三藏記集較為完善。」
　　（6）高雄師大國研所八十年碩士論文有黃志州以《出三藏記集研究》為題撰文，其中對該書各體例、內容詳加分析比較。

〔註109〕隋・法經作《眾經目錄》時，總評前代經錄，獨尊僧祐，但不諱其短，《眾經目錄》卷七言：「揚州律師僧祐撰三藏記錄，頗近可觀，然猶大小雷同，三藏雜糅，抄集參正，傳記亂經，考始括終，莫能該備。」《大正藏》五十五冊，頁148。後來學者批評《出三藏記集》時，大致未超出法經所言範圍。

> 世尊周孔，雅伏經書，然辯括宇宙臆度不了……是則尊天名而莫識
> 天實。〔註 110〕

僧祐認爲一般人士尊聖周孔經書天道，但儒家典冊卻未清楚勾勒出天貌，於是他從《長阿含經》、《華嚴經》中抄集並加以解析天之構成實爲「三界定位，六道區分」，故言：

> 抄集兩經以立根本，兼附雜典互出同異，撰爲五卷曰世界記，將令
> 三天階序煥若披圖，六趣群分照如臨鏡。〔註 111〕

三天、六趣即三界六道，也就是欲界天、色界天、無色界天及眾生輪迴之天、人、阿修羅、地獄、餓鬼、畜生六道，由彼等形成一佛教世界觀。

《世界記》無足以做爲推考撰作年次之資料，但可視作早於《出三藏記集》，或與《釋迦譜》完成時間相近，約成於蕭齊年間。〔註 112〕

6. 《法苑集》佚

《法苑集十卷之目錄，在僧祐全部著作目錄中所佔篇幅最廣。此集搜羅了十分豐富的佛教文史藝術，如古來法樂梵舞、法樂歌詞，聲唄製作；各種佛身金像、白玉像、大石像、大泥像、繡像、銀像、織珠結珠像等塑造和來獻；經藏、藥藏、十無盡藏、佛牙並七寶台金藏，乃至當時抄經撰義、造立經藏和遣僧詢外尋經等記載，都是古代佛教文化及藝術史上極珍貴資料，僧祐均「檢閱事緣，討其根本」一一加以收錄，區以類別，而今全部失傳，殊甚惋惜。

今所存《法苑集》目錄中，多篇提及梁武帝，如「皇帝天監五年四月八日樂遊大會記」、「皇帝造光宅寺豎剎大會記」等，由此可以推測《法苑集》完成應是天監八年以後的事。（參見本章「工藝成就」一節）

7. 《法苑雜記傳銘》佚

《法苑雜記傳銘》共收錄文章七卷，顧名思義，內容率爲碑銘類，其中不署作者名者三卷，署作者名者四卷，包括沈約〈獻統上碑銘〉一卷（按：沈約爲法獻作墓誌銘），劉勰〈鍾山定林上寺碑銘〉一卷、〈建初寺初創碑銘〉

〔註 110〕《出三藏記集‧卷十二‧世思記目錄序》，《大正藏》五十五冊，頁 88。
〔註 111〕同註 110。
〔註 112〕日人內藤龍雄以《出三藏記集》著錄僧祐之八部著作次序，即爲僧祐成書之年次，因此認爲《世界記》與《釋迦譜》均完成於齊代。見內藤龍雄〈僧祐的著作活動〉，收於印度學佛教學研究第二十卷第一號。

一卷、〈僧柔法師碑銘〉一卷，僧祐並自述云：

　　山寺碑銘僧眾行記，文自彼製，而造自鄙衷，竊依前古，總入於集。
　　〔註113〕

「文自彼製，而造自鄙衷」，知此書蓋皆他人屬筆爲文，由僧祐結集成冊，書之作者仍歸於僧祐。

　　至於《法苑雜記傳銘》集成時間，若參照《高僧傳・法獻傳》卒年觀之（按：詳文章「師承」一節），約在梁・天監前後。

8.《弘明集》存

　　有關《弘明集》詳見下一章：《弘明集》述要

小　結

　　慧皎《高僧傳》將僧祐定位爲一代律師，然從上述諸項觀察，其學行非囿於律宗一隅，再審今存著作內容，三藏悉備，旁通儒道，博引外典，均符合其自言：「鑽析內經，研鏡外籍，參以前識，驗以舊聞」（《出三藏記集・序》），且僧祐編輯諸作，主觀上雖爲弘揚釋法，客觀上實保存彌多珍貴文獻，若無僧祐，佛教文史故實，必當出現斷層，僧祐貢獻，於此昭然可見。

附錄：年表

　　茲據以上文獻與考證，略作僧祐年表：

宋文帝元嘉二十二年（445）　僧祐出生
◎僧祐俗姓俞，祖先彭城（今徐州）人，父則世居建業（南京）。

宋文帝元嘉二十八年（451）　僧祐七歲
◎約於此時，初入建初寺，因歡喜樂道，不肯還家，二親遂許出家，師事僧範道人。

宋孝武帝大明二年（458）　僧祐十四歲
◎家人密爲訪婚，祐避至定林寺，投法達法師，時法獻亦在寺中。
◎智藏出生。
　　（法獻時年三十六歲）

〔註113〕《大正藏》五十五冊，頁94。

宋孝武帝大明八年（464）　僧祐二十歲

◎年滿具戒，受業於法穎。

◎劉勰約生於此時。

　（時法穎四十九歲，法獻四十二歲）

宋明帝泰始元年（465）　僧祐二十一歲

◎寶唱約生於此時。

宋後廢帝元徽三年（475）　僧祐三十一歲

◎法獻發踵西行求法，後至于闐，值棧道斷絕，獲佛牙、舍利子、經咒、
　金鎚、鰈像而還。

　（時法獻五十三歲）

齊高帝建元四年（482）　僧祐三十八歲

◎法穎卒，春秋六十有七（416～482）

齊武帝永明四年（486）　僧祐四十二歲

◎劉勰至定林寺佐祐整理經藏、抄撰要事。

　（時劉勰二十三歲）

齊武帝永明五年（487）　僧祐四十三歲

◎竟陵文宣王蕭子良在雞籠山西邸招請名僧講述佛法，造經唄新聲，僧
　祐與之。

◎約在此時法獻奉敕爲僧主。

　（時法獻六十五歲）

齊武帝永明七年（489）　僧祐四十五歲

◎文宣王召集京師僧尼請祐等講十誦，至次年結束。

◎明僧紹居攝山建棲霞寺。

齊武帝永明十年（492）　僧祐四十八歲

◎竟陵文宣王請祐至三吳講律，中途遇明徹，雖年齒相殊，情同莫逆，
　徹因從祐學十誦，隨出揚都，住建初寺。

◎超辯卒，春秋七十三（420～492），祐爲造碑，劉勰製文。

齊明帝建武元年（494）　僧祐五十歲

◎竟陵王蕭子良卒，春秋三十五。

齊明帝建武二年（495）　僧祐五十一歲

◎《薩婆多部相承傳》始作。

齊明帝建武四人（497）　僧祐五十三歲

◎法獻卒，春秋七十有五（423～497），弟子僧祐造碑，丹揚尹沈約製文。

梁武帝天監元年（505）　僧祐五十八歲

◎蕭宏封臨川王。

梁武帝天監三年（504）　僧祐六十歲

◎劉勰兼中軍臨川王宏記室〔註114〕

　　（時劉勰約四十一歲）

梁武帝天監六年（507）　僧祐六十三歲

◎梁武帝令名僧僧旻等集於定林寺抄一切經論。

◎建安王偉敕僧祐專任剡縣石佛像事。

梁武帝天監八年（509）　僧祐六十五歲

◎奉敕在小莊嚴寺鑄無量壽佛像，當年竣工，移往光宅寺，號稱東方第
　　一。

梁武帝天監十三年（514）　僧祐七十歲

◎寶唱始撰《名僧傳》

　　（時寶唱約五十歲）

梁武帝天監十五年（516）　僧祐七十二歲

◎寶唱寫《眾經目錄》、《經律異相》、《比丘尼傳》

◎剡縣石佛完成。

　　（時寶唱約五十二歲）

梁武帝天監十七年（518）　僧祐七十四歲

◎《出三藏記集》成書。

◎五月二十六日，僧祐卒於建初寺，安葬定林寺，弟子正度立碑，劉勰
　　製碑文。

〔註114〕《梁書》卷二十二臨川靖惠王宏傳：天監元年封臨川郡王……三年加侍中，
　　　　進號中軍將軍，四年，高祖詔北伐，以宏爲都督南北……。由臨川王宏進號
　　　　可知，劉勰兼中軍記室，必在天監三年。

第三章 《弘明集》述要

第一節 成書背景

魏晉南北朝是中國社會政治與思想文化急劇變革的時期。其時,盛行兩漢的經學,隨著漢王朝的崩潰而衰微,〔註1〕思想界逐漸擺脫漢以來與政治一統相應的思想一統所造成的局面,轉向一個相對多元的歷史時期;雖然這一時期的儒學並未因此而中絕,〔註2〕但是在思想界已不佔領導支配地位,代之而起的是魏晉玄學和南北朝佛學。

思想變動的潮流,首先興起於北方的魏正始年間,「何晏之徒,始盛玄論,於是聃、周當路,與尼父爭塗矣」。〔註3〕以老莊為思想基礎的玄學開始流行,至晉武帝統一南北,北方新思潮迅速流向南方,晉室雖乃奉儒學為正統,以

〔註1〕 漢代經學沒落因素不止一端,然就學術本身演變而言,班固在《漢書‧卷三十‧藝文志》曰:「後世經傳既已乖離,博學者又不思多聞闕疑之義,便辭巧說,破壞形體,說五字之文,至於二三萬言,後進彌以馳逐,故幼童而守一藝,白首而後能言,安其所習,毀所不見,終以自蔽,此學者之大患也。」班固抨擊當時經學研究態度與方法的錯誤,並認為經學家徒費精力卻於實學無裨益,這種情形,往往會使學者生厭,斲傷學術生命。

〔註2〕 侯外廬在其所謂《中國思想史綱》,頁174說:儒家經學研究始終沒有中斷,在任何一個朝代,不論它如何提倡佛教或道教,也不論社會如何熱衷於清談玄學,國家總要設立太學、國子學,討論經義,制定新禮。杜佑《通典‧禮典一》也指出東晉南北朝制禮的情形是:「江左刁協、荀崧補緝舊文,蔡謨又躕修綴。宋初因循前史,並不重述。齊武帝永明二年,詔尚書令王儉制定五禮。至梁武帝,命群臣又裁成焉。……陳武帝受禪,多準梁舊。……後魏道武帝舉其大體,事多闕遺。孝文帝率由舊章,擇其令典,朝儀國範,煥煥乎復振。」可知儒家禮法與南北朝政治均相連不斷。

〔註3〕 《文心雕龍‧論說篇》。

儒家經學爲官學，但正始以來的新思潮卻成了時代主流，並對佛教興起了重要的鋪墊作用。

魏晉玄學的思想特色，是用老莊解釋儒家經典，援道入儒，使儒學玄學化，如王弼注周易。南北朝佛學也是在魏晉玄學的氛圍中發展起來，尤其是南朝，佛學與玄學合流，或用玄理闡發佛學經典，或用佛學解釋玄學品題，已經成爲一時風尚。〔註4〕

與此同時，由中國古老的神仙方術演變而來的道教，在佛教的影響下，也有新的發展，它不但已具有一定的理論，而且還有自己一套宗教儀式，〔註5〕其勢力雖不一定能和佛教抗衡，但因屬中國本土宗教，故具有相當大的心理優勢，同與佛教廣泛流行。

社會思潮的轉向、玄佛的盛行和道教的發展，不能不影響到這一時期的學術研究和編撰，這種現象，凸出表現在：

一方面，隨著儒學的衰微，原來由《史記》、《漢書》所開創以儒家爲研究對象、以經學源流爲研究重點的學術史卷〈儒林列傳〉幾乎中斷，〔註6〕至於專門記述儒家經香和子書源流的〈藝文志〉，不但在這一時期編修的正史沒有爲之設立案卷，而且在後來所編有關此一時期的正史中，也同樣付之闕如，〔註7〕儒家之受冷遇及儒學之未受重視，由此可窺一斑。雖然這一期間也出現過類似《漢書·藝文志》那樣按內容分類、總括群書的著作，如魏代鄭默的《中經》、西晉荀勖的《新簿》、南朝宋謝靈運的《四部目錄》、王儉的《七志》和梁阮孝緒的《七錄》等，〔註8〕但是由於這些著作「但錄題及言」而「作者

〔註4〕 湯用彤《漢魏兩晉南北朝佛教史》第十三章指出：「佛義與玄學之同流，繼承魏晉之風，爲南統之特徵。」

〔註5〕 湯一介《漢魏南北朝時期的道教》說，道教在東晉南北朝期間，完成了五件大事，才使它成爲完備、有影響力的宗教團體，此五件大事係（1）整頓和建立道教的教會組織。（2）爲道教建立和完善其宗教教義的理論體系。（3）編纂道教經典。（4）制定和完善教規教儀。（5）編造神仙譜系和傳授歷史，而其中大半是受到佛教影響之故。

〔註6〕 屬於西晉南北朝編修的正史有四部：西晉陳壽的《三國志》，梁沈約的《宋書》，梁蕭子顯的《南齊書》，北齊魏收的《魏書》。除《魏書》外，其餘均未立〈儒林傳〉。

〔註7〕 後代編修兩晉南北朝時期的正史共有七部：房玄齡的《晉書》，姚思廉的《梁書》和《陳書》，李百藥的《北齊書》，令狐德棻的《周書》，李延壽的《南史》和《北史》，均屬唐人之作。

〔註8〕 所引均自《隋書·卷三十二·經籍一》。

之意，無所論辯」，〔註9〕故於儒家經籍的源流演變，無從考見，自難與《漢志》學術性價值相提並論，復以政治蕩亂，干戈頻仍，終至篇籍子遺。

　　另一方面，隨著社會思潮的轉向，佛、道廣布，這一期學術研究與綴輯，開始側重宗教文史。正史中的宗教史卷和私家著述相繼問世，例如北齊魏所收編的《魏書》，於〈儒林傳〉之外特立〈釋老志〉，專門記述佛道二教源流及其在北方傳播情形，開創正史中設立佛、道二教史先例，提高了佛教在諸子百家中的地位。至於私家著書，更是方興未艾，作者包括在方內、方外人士。僧祐記載了當時情形說：

> 自尊經神運，秀出俗典。由漢屆梁・世歷明哲，雖復緇服素飾，並異跡同歸，講議讚析，代代彌精，註述陶練，人人競密，所以記論之富，盈閣以切房，書序之繁，充車而被軫矣。〔註10〕

佛法自兩漢之際傳入中國後，吸引六朝文人學士兼習佛理，僧徒亦多擅文辭，雙方因世學與佛學之爭辯而多有說理文章，至梁時，已累積豐富作品，在此背景下，僧祐將這些著述依類收編成《弘明集》。

　　《舊唐書》將《弘明集》歸於文學類別之「總集」類，〔註11〕若依《隋志》為總集所下之定義標準：

> 總集者，以建安之後，辭賦轉繁，日以滋廣，晉代摯虞，苦覽者之勞倦，於是採摘孔翠，芟剪繁蕪，自詩賦下，各為條貫，合而編之，謂為流別。是後文集總鈔，作者繼軌，屬辭之士，以為覃奧，而取則焉。〔註12〕

《隋志》認為總集興起於建安之後，它是從文章中「採摘孔翠，各為條貫，合而編之」，若依此種特點而言，可以看出總集實為一種選集，收錄兼採不同體裁與內容的文章，諸如《文章流別》、《昭明文選》等，是以後代學者，亦將《弘明集》視作佛教總集，佛教史籍學者陳援庵即說：

> 本書（弘明集）為總集體，頗類昭明文選，故舊唐志入總集類，然以六朝佛教之盛，全部文選，關涉佛教者，僅王簡栖頭陀寺一碑，此編所錄，則概闡揚佛教之文，中以書啟論述為多，鏗然可誦。〔註13〕

〔註9〕 同註8。
〔註10〕 《出三藏記集》卷十二，《大正藏》五十五冊，頁82。
〔註11〕 《舊唐書・卷四十七・經籍下》。
〔註12〕 《隋書・卷三十五・經籍四》。
〔註13〕 陳援庵《中國佛教史籍概論》，頁47～48。除陳氏外，大陸《史學史研究》1989

文學總集在魏晉南北朝取得相當進步和發展，而佛教總集《弘明集》的出現，更加豐富了總集的內涵，它不但是現存中國佛教總集之始，在思想史、文獻學上亦具有重要意義。

第二節　纂輯動機

　　前文提及南北朝時佛教已廣爲流行，然而相對於傳統的儒、道二家，非佛之言論亦盛，《弘明集》書首之僧祐序文即曰：

> 自大法東漸，歲幾五百，緣各信否，運亦崇替。正見者敷讚，邪惑者謗訕，至於守文曲儒，則拒爲異教，巧言左道，則引爲同法。拒有拔本之迷，引有朱紫之亂，遂令詭論稍繁，訛辭孔熾。〔註14〕

社會上對佛教的反應有正反兩方面，而反對的一方，隨著佛教在中土勢力的日益擴大而更趨激烈，僧祐身爲出家人，他對佛教固持虔誠信仰，並以弘揚佛教作爲自己畢生任務，因此，對於有損於佛教的言論，他都可能「憤慨於心」，爲了護持正法、駁斥異教，故撰集「弘道明教」之作，這在其序言中作了說明：

> 又以末學，志深弘護，靜言浮俗，憤慨於心，遂以藥疾微間，山棲餘暇，撰古今之明篇，總道俗之雅論，其有刻意剪邪？建言衛法，製無大小，莫不畢採。又前代勝士書記文述，有益三寶，亦皆編錄，類聚區分，列爲一十四卷。夫道以人弘，教以文明，弘道明教，故謂之弘明集，兼率淺懷，附論於末。〔註15〕

僧祐在此，不僅解釋取名「弘明集」之由，更可看出「建言衛法」實爲其成書動機，而序文中所說的「附論」，指的是〈弘明論〉，一般也稱〈弘明集後序〉，在〈弘明論〉中，僧祐再次強調《弘明集》撰集宗旨：

> 余所集弘明，爲法禦侮，通人雅論，勝士妙說摧邪破惑之衝，弘道護法之塹，亦已備矣。〔註16〕

「爲法禦侮」意同「建言衛法」，爲了達此目的，僧祐並將人們對佛教的指斥

年第三期所刊〈魏晉南北朝時期的總集〉一文，亦將《弘明集》列入魏晉南北朝總集文獻中。

〔註14〕《弘明集》卷一，《大正藏》五十二冊，頁1。
〔註15〕同註14。
〔註16〕《弘明集》卷十四，《大正藏》五十二冊，頁95。

與非難分析歸納爲「六疑」：

> 一疑經說迂誕，大而無徵；二疑人死神滅，無有三世；三疑莫見眞
> 佛，無益國治；四歎古無法教，近出漢世；五疑教在戎方，化非華
> 俗；六疑漢魏法微，晉代始盛。〔註17〕

這「六疑」，實際上也就是社會人士及儒、道二家攻擊佛教的主要問題。從佛教的立場來看，「六疑」均是異端邪說，理應破之，爲此，僧祐乃廣集眾論，「撰古今之明篇、總道俗之雅論」，搜集大量護法弘教的重要著作，從不同的角度對上述六疑進行辯駁。

　　《弘明集》歷來雖被視爲護教之作，然而，僧祐對非佛教言論，並未一味採取棄斥、詆毀手法，而是在收錄「建言衛法」文章同時，也保留了多篇反佛之作，以期在比較、論辯之中彰顯佛法，達成「弘道明教」目的。

　　此外，《弘明集》乃收錄眾人之作，全書作者共一百二十餘人，其中絕大多數爲王臣士子，沙門僅十八人（不包括僧祐），由文士遠多於僧人以正、反立場之論均加以收編情況看來，僧祐乃刻意反映佛法東傳後，士人對佛教的理解，以及佛教與社會、政治和知識分子的關係，尤其表現在出家與在家、佛法與王法等問題爭議上面，總之，《弘明集》內容如實呈顯外來佛教傳入後，與中國固有文化之間的矛盾與衝突，對於研究當時思潮，提供極有價值史料，許多重要文章，若無《弘明集》，或恐早已失傳，因此，本文以爲，僧祐編《弘明集》所達成的目的，應遠超過其「建言衛法」、「爲法禦侮」之動機初心，亦可看出編者所具之歷史眼光及哲學見解。

第三節　編撰淵源、時間、內容

一、淵　源

　　《弘明集》雖被稱爲古來第一部佛教文學總集，然而僧祐此作應是受到前代陸澄《法論》之啓發而輯出。關於此點，非僅《弘明集》獨然，今人黃志州先生在《出三藏記集研究》中亦指出僧祐《出三藏記集》之經序部分頗與陸澄〈法論目錄序〉所錄文章迭有重覆，經其比對，共十九篇類同，〔註18〕

〔註17〕同註 16。
〔註18〕黃志洲《出三藏記集研究》，高雄師大國文研究所七十九學年度碩士論文，頁
　　　　175～177。

顯見僧祐《出三藏記集》經序體例是前有所本，而《弘明集》亦有仿效《法論》之處。

　　陸澄，南朝宋、齊間人，生平見《南齊書》卷三十九及《南史》卷四十八〈陸澄傳〉。劉宋明帝泰始年間，陸澄奉敕撰《法論》，《法論》主要內容乃取劉宋以前釋教論著，彙集成十六帙，共一百零三卷，中附經序及雜文。此作堪稱魏晉佛教撰述寶庫，及至梁時，僧祐弟子寶唱奉敕撰《出三藏記集》卷十二尚存《法論》目錄；〔註19〕僧祐並在陸澄《法論》目錄前撰寫序文曰：

> 宋明皇帝，摽心淨境，載餐玄味，迺敕中書侍郎陸澄撰錄法集。陸
> 博識洽聞，芭舉群集，銓品名例，隨義區分，凡十有六帙，一亘有
> 三卷，其所閱古今。亦已備矣。〔註20〕

僧祐僅簡略提及陸澄撰集《法論》緣起，值得注意的是，陸澄將《法論》所收錄的文集內容，分為十六帙，包括：法性集、覺性集、般若集、法身集、解說集、教門集、戒藏集、定藏集、慧藏集、雜行集、業報集、色心集、物理集、緣序集、雜論集、邪論集等，由此十六類（帙），可以觀察魏晉南北朝佛教重要論題，同時，《弘明集》裡亦有二十六篇（共五十餘則）與《法論》目錄相同，可見《弘明集》在收錄文章方面，採自《法論》甚多，顯示《弘明集》成書上應有所承。

二、時　間

　　《弘明集》未署撰年，其始著時間或於齊代，然其完成則應在梁。至於是梁朝那一年？因《弘明集》本身有無法考證翔實年代的文章，〔註21〕故本文亦難斷言成書的確切時間，僅能從以下線索加以推測：

〔註19〕　《大正藏》五十五冊，頁82～85。

〔註20〕　同註19，頁82。

〔註21〕　《弘明集》中由劉勰所寫的〈滅惑論〉，無法得知其撰就之正確年代。大陸學者李慶甲在〈關於滅惑論撰年與諸家商兌之商兌〉一文說：「關於滅惑論的撰年，在現有的文章中存在著兩種分歧的意見，一個是作於齊代還是梁代的分歧，另一個是作於梁代天監三年至七年，還是作於梁代天監十六年的分歧。」該文收於《中華文史論叢》1984年第四期。據本文所知，湯用彤《漢魏兩晉南北朝佛教史》、范文瀾《文心雕龍注》、楊明照《梁書‧劉勰傳箋注》都認為在齊代；但從〈滅惑論〉劉勰自己署名：「東莞劉記室勰」此點考察，應完成於梁。不過，《梁書‧劉勰傳》中記載，劉勰曾兩次擔任記室，第一次是任中軍臨川王蕭宏記室，在天監三年至七年，第二次任仁威南康王蕭績記室，時在天監十一年左右。

1. 據《弘明集》卷八〈滅惑論〉作者劉勰自署東莞記室判定，〈滅惑論〉應完成於天監三年至七年，或天監十一年前後。（見註 21）

2. 《弘明集》卷九收了范縝的〈神滅論〉及卷十梁武帝〈敕答臣下神滅論〉并六十二名王臣難〈神滅論〉之言論，時在天監六年，故《弘明集》成書不會早於梁天監六年。

3. 據《出三藏記集》卷十二僧祐自列《弘明集》目錄，原為十卷，但今本為十四卷，故知《弘明集》的十卷本成於《出三藏記集》之前，十四卷本成於《出三藏記集》之後，才會有兩種本子，而《出三藏記集》經本文前一章（作者著述部分）推算，成書甚晚，約在天監十七年左右，亦即僧祐去世之歲，如此，十卷本（今無存）與十四卷本《弘明集》，雖分別為僧祐生前所撰集、增益，但在僧祐卒後方修定成書，亦未可知。

綜合上述資料可以推定，《弘明集》最後成書上限應在天監六年（507），下限不會早於天監十七年（518）。

三、內　容

1. 篇章卷數

《弘明集》十四卷，約十三萬餘字，共收文章一百八十餘篇，作者一百二十餘人，〔註 22〕其中沙門僅十八人（不含僧祐），餘皆為文人王臣。全書以東漢牟子〈理惑論〉始，終於寶林〈破魔露布文〉；《弘明集》內屬於僧祐自撰的文字有三處，即：序、卷十二起首的一小段敍及書末〈弘明論〉。〈弘明論〉是全書內容的總結和評說。

《出三藏記集》卷十二載《弘明集》目錄本有十卷，今本則為十四卷，以今本與《出三藏記集》十卷本目錄互校，知增入頗多，然歷來閱讀《弘明集》者，絲毫都不必懷疑增補部分乃他人所添寫，而確認是僧祐所加，因在《弘明集》卷十二之首，有僧祐自撰短序云：

> 余所撰弘明，並集護法之論，然援錄書表者，蓋事深故也。尋沙門辭世，爵錄弗縻，漢魏以來，歷經英聖，皆致其禮，莫求其拜，而庾君專威，妄起異端；桓氏疑陽，繼其浮議，若何公莫言，則法則

〔註 22〕此處篇數及作者用「餘」未定之數，因許多篇含有子目，如卷五慧遠〈沙門不敬王者論〉即由一篇「序」和五篇「文」組成。作者部分亦然，例卷十二晉·何充等上奏沙門不應盡敬表，實際人數抱括褚翌、諸葛恢、馮懷、謝廣等。

永沉；遠上弗論，則僧事頓盡。望古遠慨，安可不編哉！易之蠱爻，
不事王侯；禮之儒行，不臣天子，在俗四民，尚有不屈，況棄俗從
道，焉責臣禮，故不在於休明，而頻出於季運也。至於恆標辭略，
遠公距玄，雖全已非奇，然亦足敦勵法要；日燭既寢俗之談，予作
三檄，亦摧魔之說，故兼載哉。

僧祐此序對《弘明集》卷十二、十三、十四之內容主題如沙門禮敬王者及日
燭、摧魔檄文等兼收緣由略加析述，以明護法之意，而此三卷內容恰為十卷
本所無，故僧祐為文說明之。

此外，《弘明集》卷一序文末有：「學孤識寡，愧在褊局，博練君子，惠
增廣焉。」〔註23〕雖是僧祐自謙之詞，不過亦可看出，當是《弘明集》在編
輯之始，即有隨時補充之意，故初編十卷，隨後擴成十四卷，故後世傳本皆
為十四卷本。

2. 各卷概要

第一卷，論著兩篇：第一篇牟子〈理惑理〉共三十七章，多半記載佛法
初來史事，並涉及夷夏觀、生死報應等問題，意在闡揚佛教。第二篇〈正誣
論〉，作者不詳，內容係對一般人所注意的吉凶夭壽災祥等問題為佛教辯誣。

第二卷，論著一篇：宋宗炳〈明佛論〉對晉宋之際爭辯神滅不滅問題，
主張神不滅。宗炳係慧遠弟子，其意不出慧遠學說範圍。

第三卷，書啓五篇、論著一篇：東晉孫綽〈喻道論〉是對當時本末體用
提出佛教主張；五封書信往來則是何承天與炳二人對慧琳〈白黑論〉（又稱均
善論）有不同意見而爭辯，〈白黑論〉論儒釋同異，但在抑佛揚儒，宗炳對此
表示反對，何承天卻贊同。

第四卷，論著一篇、書信五篇；何承天除對慧琳〈白黑論〉表示激賞外，
並針對宗炳〈明佛論〉而作〈達性論〉，旨在說月不信報應、形死神滅，顏延
之駁斥他，五篇書啓均是二人之唇槍筆劍。

第五卷，論七篇、信四篇；自宋・羅含〈更生論〉至慧遠〈沙門不敬王
者論〉止六篇，焦點在神滅不滅上；慧遠等〈沙門祖服論〉三篇，乃辯禮制，
最後慧遠兩篇〈明報應論〉與〈三報論〉在闡明佛教因果，此問題也是晉、
宋論戰焦點之一。

〔註23〕同註14。

第六卷，論著書啓共八篇：晉義熙年間，有人將沙門比作五蠹之一，道恆乃撰〈釋駁論〉駁斥。宋末道士顧歡撰〈夷夏論〉，雖以孔、老、釋同為聖人，但堅執夷夏界限擯斥佛教，明僧紹的〈正二教論〉以及謝鎮之兩封與顧歡書，都是和他爭辯這個問題：張融的〈門律〉以及周顒的問難則是辯論儒道釋三家本末。

第七卷，論著四篇：均是斥駁顧歡〈夷夏論〉。

第八卷，論著三篇：玄光〈辯惑論〉舉證道教有五逆六極：而南齊有道士假張融之名作〈三破論〉（破國、破家、破身），詆毀佛教，於是梁‧劉勰作〈滅惑論〉、僧順作〈析三破論〉反擊。

第九卷，梁武帝〈立神明成佛義記并沈績序注〉一篇，闡明成佛之理；范縝著〈神滅論〉，想從根本推翻佛教，蕭琛與曹思文均著〈難神滅論〉反駁，此事形成中國思想史上一樁大事。

第十卷，梁武帝〈敕答臣下神滅論〉、法雲〈與王公朝貴書〉及六十二人應詔答書，均站在神不滅立場批駁〈神滅論〉。

第十一卷，書啓二十六篇：包括宋‧何尚之〈答宋文帝贊揚佛教事〉、後秦姚興勸僧人罷道還俗，另外，是蕭子良與孔稚珪往來書信，二人主張心源一體。

第十二卷，書啓表詔近四十篇，所言皆倫理禮制方面，如沙門應否敬王與踞食以及汰簡僧眾等。

第十三卷，文三篇：東晉郗超〈奉法要〉談三歸五戒六齋等具體事項、顏延之〈庭誥〉二章，談道教重煉形佛教重治心，王該〈日燭〉說明佛教主要在探討生死根源及善惡報應之理。

第十四卷，文三篇：均是摧魔檄文露布文，末後附僧祐〈弘明論〉。

綜合以上十四卷觀之，《弘明集》可謂敘載廣泛，若歸納之，可成七類主題，即：泛釋世人非議、回應儒道詰難、辯論形神因果、彙述佛教與朝廷交涉、討論佛教禮儀、紬繹佛法義理、檄魔。

3. 分類標準

在《弘明集》序言中，僧祐表示為了「弘道明教」，故對當代或前代人士的雅論妙說，只要有益三寶、建言衛法者，不論篇幅大小，一律兼採並收，然後「類聚區分」，由於此種分類編纂文獻的體例，頗似《昭明文選》編選文學作品形式，故《舊唐書》將其視為總集類典籍。儘管〈弘明集序〉提到了

「類聚區分」，但它實際上並不同於《文選》，它既沒有把入選文章明確分成幾類，亦無闡述分類理由，僅將選擇的文章分為十四卷而已，那麼《弘明集》是靠什麼標準體現其「類聚區分」呢？

從《弘明集》目錄考察，卷一列東漢牟子〈理惑論〉，卷二、三則列宋·宗炳、何承天之作，卷五又列東漢桓譚、東晉慧遠文章，卷六列東晉、南齊人作品，卷七列宋人論著，由此觀之，《弘明集》不是依時代順序排列，也不是照作者分類，如慧遠之文出現於卷五，也出現於卷十一、十二，又如顏延之分別在卷四、十三，此外，從收錄論、書的情況，也可看出不是按文體分類，不過，若從排列在一處的篇名及作者，卻不難窺出其「類聚」的端倪，如卷四的目錄：

〈達性論〉　何承天

〈釋達性論〉顏延之

〈答顏光祿〉何承天

〈重釋何衡陽〉顏延之

〈重答顏光祿〉何承天

〈重釋何衡陽〉顏延之

又如卷七：

〈難顧道士夷夏論〉朱昭之

〈諮顧道士夷夏論〉朱廣之

〈駁顧道士夷夏論〉慧　通

〈戎華論折顧道士夷夏論〉僧　愍

從卷四的六篇文章顯示，是以〈達性論〉為基礎引出一組圍繞神滅與神不滅問題的辯論文章。「神不滅」是佛教理論的根本，贊同者反覆申明此一觀點，反對者亦堅持不懈予以批判，所以不止卷四有神滅不滅問題爭論，卷九、卷十也是圍繞此一議題，而范縝與蕭琛、曹思文等數十人的著名文章均收於此。

至於卷七所收文章出四人之手，篇題或稱「難」、或稱「諮」、「駁」、「折」，都是針對顧歡的〈夷夏論〉而發。

而例卷八有釋玄光〈辯惑論〉、劉勰〈滅惑論〉、僧順〈釋三破論〉，皆是因有齊道士作〈三破論〉詆誣佛法，故三人為文論斥。

綜合以上體例，大體上可以說《弘明集》的「類聚區分」是以文章內容為標準，多擇信佛、非佛間的辯論文章，而論辯往往都有一主題，因此更準

確地說，《弘明集》是根據論題來分類。另外〈弘明論〉提到世間對佛教有「六疑」，〔註24〕只有消除「六疑」，方能「弘道明教」，所以《弘明集》所集論辯之書文，多與解六疑有關，它的按專題分類，亦是由此而決定。

第四節 辯 疑

　　《弘明集》所收集之材料，是研究漢魏六朝佛教在中國思想界之重要線索，書中絕大多數資料考諸史實，皆能信而有徵，唯少數篇籍如牟子〈理惑論〉、桓譚〈新論・形神〉等，或因年代久遠，或因傳寫訛誤而引發中西學術界長期聚訟，正如張曼濤先生所指出：「現代中國佛學的研究，其能引起學界廣泛的注意，甚至國際學界的關心，其最為始作俑者，即是牟子理惑論……等之考證問題，引人入勝。此種考證，表面上看來，好像與佛教教義或思想上無關緊要，然事實上它卻關係了整個中國思想發展史上的一個關鍵問題，例如以牟子理惑論而言……表面看來，這只是佛教一經一論，徒鑽牛角尖而已，事實上並非如此簡單，它所包含的問題，不亞於任何一部數百萬言大著之重要。」〔註25〕由於前賢考證高文不可勝數，本文只能站在研究成果上，對《弘明集》少數引起爭議篇章推其事理，以見得失，以表明本文觀點。

一、牟子〈理惑論〉

　　牟子〈理惑論〉的作者與年代，迄今可說尚無定論。〈理惑論〉最早為南朝宋明帝時陸澄《法論》所提及，其全文則始載於《弘明集》卷一；據今《大正藏》本在《法論》目錄第十四帙〈牟子〉一文標題下寫著：「一云蒼梧太守牟子博傳」，〔註26〕此意謂作者姓名為牟子博，文章本身被視成傳記性質；此後，是《隋志》將此文收在儒家類，並稱〈牟子〉兩卷，牟融著。牟融，據《後漢書》卷二十六本傳載，是漢章帝時的太尉，但《隋志》徒有此一目錄，且歸為儒家，是否就是《法論》、《弘明集》所說的牟子？實難肯定。

　　呂澂在《中國佛學思想概論》書中考證此事說，由於《隋書》出現上述之記載，《新、舊唐書》也跟著作同樣記錄，到明末刻方冊藏時，遂把〈理惑

〔註24〕同註16。
〔註25〕張曼濤主編〔現代佛教學術叢刊〕第十一冊《四十二章經與牟子理惑論考辯・編輯旨趣》。
〔註26〕《出三藏記集》卷十二，《大正藏》五十五冊，頁85。

論〉歸入牟融名下。〔註27〕明刻本把牟子定名爲牟融，首先引起辨僞家胡應麟注意，他指出，〈理惑論〉的牟子不是牟融，並稱「嘗疑六朝晉、宋間文士因儒家有牟子，僞撰此論以左右浮屠。」〔註28〕

自胡氏迄今，中外學者爭論紛紜，綜合各家說法，大致分爲三派意見，其一，〈理惑論〉爲東晉後之人假託漢人之僞作。〔註29〕其二，〈理惑論〉爲東漢末至三國中葉的牟子所作。〔註30〕其三，〈理惑論〉若爲後漢時作，亦必經後人改竄加入。〔註31〕事實上，第三派學者主張的不夠徹底，不足以否定〈理惑論〉主要部分爲漢末牟子眞作，因此嚴格說來，諸家所爭論者，概可分成眞、僞二派。

曹秀明《牟子理惑論之研究》曾將各家各派之龐雜論證加以系統整理，並就標題、文體及內容三方面比較兩派不同處，本文略引簡述加後：〔註32〕

主張〈理惑論〉乃東晉劉宋時僞作者，所持之論點：

1. 就標題言已支離不可究，以梁啓超爲代表，認爲後漢初之牟融未曾著〈理惑論〉，而後漢末世也沒有牟融這個人，所以《弘明集》卷一中之標題「理惑論三十七章，漢牟融撰，一云蒼梧太守牟子博傳」已無法作合理解釋。（按：梁啓超所引之標題乃明藏本，宋元本及高麗藏則無「漢牟融」三字）

2. 就文體言，此派稱「一望而知爲兩晉六朝鄉曲人不善屬文者所作。」

3. 就內容言，又可分以下幾種：

   （1）〈理惑論〉中所引用的佛傳，見於《瑞應本起經》，另外記太子須達多故事，係引自《六度集經》，而此兩經譯本皆在三國吳之後。

   （2）〈理惑論〉第三十五問有「僕嘗遊于闐之國」等事實，當在三國魏朱士行西行求法後。

   （3）〈理惑論〉第十六問有「今沙門耽好酒漿，或蓄妻子，取賤賣貴，專行詐紿」似爲石趙、姚秦、佛圖澄、羅什至中國後，佛教盛行

〔註27〕呂澂《中國佛學思想概論》，頁29～31。

〔註28〕見胡應麟《少室山房筆叢》卷三十二。本文轉引自〔現代佛教學術叢刊〕第十一冊《四十二章經與牟子理惑論考辨》。

〔註29〕此派主要人物有梁啓超、呂澂、法國學者馬司帛洛（H. MASPERO）、日本常盤大定、松本文三郎等。

〔註30〕此派主要人物有孫貽讓、周叔迦、胡適、余嘉錫、湯用彤、侯外廬、任繼愈、郭朋及法人伯希和、日人福景康順、山內晉卿等。

〔註31〕持此論者有周一良、陳援庵。

〔註32〕曹秀明《牟子理惑論之研究》，輔大哲學研究所七十八年碩士論文，頁1～10。

　　於社會之狀況。

　　換言之，以上三種說法所持理由，均認爲時代不符合。

　　主張〈理惑論〉確爲後漢時代作品者之主要論點是：

　　1. 就標題言，〈理惑論〉本不題牟融撰，「牟子博傳」才是全書總名，而牟子可能曾任蒼梧太守之職。

　　2. 就文體言，〈理惑論〉實漢魏間好文，非六朝不善屬文者爲之。

　　3. 就內容言：

　　　　（1）中國中部及南方有一佚而不傳之《佛本行經》爲牟子及《瑞應本起經》所本。

　　　　（2）牟子言其曾遊于闐之事，不必在魏・朱士行西行求法後。

　　　　（3）漢魏間雖禁漢人不得出家，但漢末之交州未必沒有出家漢人（嚴佛調即爲東漢靈帝時出家之中國人），且沙門未曾說明是中國人，或許是印度商人或西域受戒僧侶。

　　除上述意見之外，本文以爲，若要肯定〈理惑論〉爲漢魏之作，宜舉出〈理惑論〉序文或正文與歷史相合才屬首要，關於此點，亦有前人予以論證，譬如陳援庵指出牟子序文所言時、地、人、事皆見於史籍：

　　　　（1）笮融與豫章太守朱皓，見《後漢書・陶謙傳》、《吳志・劉繇傳》。

　　　　（2）笮融與劉彥及交州牧朱符，見《吳志・薛綜傳》。

　　　　（3）豫章太守朱皓，見《後漢書・朱雋傳》。

　　　　（4）交州牧朱符，見《吳志・士燮傳》。〔註33〕

　　其次，就〈理惑論〉正文而言，牟子所言之佛教，僅及於解釋佛之名稱、意義、來源、範圍，及其與儒、道之優劣比較，明顯爲佛教初入中國時文獻，何況陸澄《法論》不是也記載：「牟子不入教門而入緣序，以特載漢明之時，法像初傳故也。」〔註34〕又書中多引老子道家比擬佛道，正符漢末語氣；若再探究更細微事例，則有更多可言，如第十七問中改魯莊公爲魯嚴公，即是避漢明帝之諱，是以，本文以爲〈理惑論〉乃漢末至三國佛教初入中土之重要文獻。

二、桓譚《新論・形神》

　　此文收在《弘明集》卷五，因明・吳惟明（字康虞）本《弘明集》在該篇

―――――――――――

〔註33〕四項引證見陳援庵《中國佛教史籍概論》，頁51。

〔註34〕《大正藏》五十五冊，頁82。

標題下有「晉·桓譚」字樣，遂被人懷疑〈形神篇〉是晉人「華譚」〔註35〕所寫。本文徵引多項考查結果，認為〈形神篇〉作者應歸屬給東漢桓譚，〔註36〕以下舉出有關論證：

1. 由史傳知桓譚字君山，著有《新論》二十九篇，〔註37〕形神論出於《新論·祛蔽篇》；華譚字令思，而宋元藏本標題均作「桓君山新論形神」無作「晉桓譚」者。

2. 大藏經《弘明集》卷五〈桓君山新論形神〉題下有案語云：「臣澄以為君山未聞釋氏之教，至於形神，已設薪火之譬，後之言者乃闇與之會，故有取焉。」這「臣澄」即指劉宋時陸澄。陸澄在〈法論目錄序〉亦言：「置難形神，援譬薪火，庾闡發其議，謝瞻廣其意，然桓譚未及聞經，先著此言，有足奇者，宜其掇附也。」，〔註38〕這兩段引文皆謂陸澄佩服桓譚早在兩漢之際，佛法尚未流化前，即能「先知先覺」對形神採用薪火之喻，故破例著錄。以陸澄兩處之言同指一人，知〈形神論〉自然是桓譚之作無疑。

3. 《太平御覽》卷八十七，火部引《新論·形神》：「余與劉伯師夜坐，燈中脂炷燋禿將滅，余謂伯師曰，人衰老亦如彼禿炷矣。伯師曰，人衰老應自續。余曰，益性可使白髮更生黑，至壽極亦死耳。」此段內容與《弘明集》所載類似，其標題作「桓譚新論」不作「華譚新論」。《太平御覽》修輯在北宋初年，遠在吳惟明刻書之前。

4. 從旁證來看，曹植〈辯道論〉〔註39〕文有「中興篤論之士有桓君山者，其所著述……」云云，其中，答覆劉子駿榆樹無情猶枯槁腐朽的論點，和這篇用燭火比喻生死問題，完全一致。又《太平御覽》九百九十卷藥部，亦引與劉子駿論養性答問之語，也和形神篇思想相似，這篇首先談養生，又有和劉伯師燃燭對話一段，因此，令人懷疑〈形神論〉和答劉子駿語可能是一篇，而陸澄、僧祐只節錄了其中有關形神的一段。

〔註35〕《晉書·卷五十二·華譚論》，知華譚乃西晉武帝至東晉元帝時人。
〔註36〕桓譚的生卒年代，史無確切記載，據《後漢書·卷二十八·桓譚傳》內容推測，桓譚應是西漢過渡到東漢時人，卒於漢光武帝年間。
〔註37〕《後漢書·桓譚傳》雖載桓譚著《新論》二十九篇，但《隋志》《兩唐志》均著錄《新論》十七卷。自晁公武《郡齋讀書志》以下都不見此書，原書以佚失，清·孫馮翼、嚴可均有輯本，而嚴輯本是現在比較完備的本子，收在《全上古三代秦漢三國六朝文》中《全後漢文》卷十三至十五。
〔註38〕收於《出三藏記集》卷十二，《大正藏》五十五冊，頁82。
〔註39〕收於《廣弘明集》卷五，《大正藏》五十二冊，頁118。

5. 《後漢書》本傳有桓譚抑讖重譽疏文，《昭明文選》有謝靈運〈廬陵王墓下詩〉注引桓譚駁斥天命之說的記載，〔註40〕這與桓譚其他文章反對神仙長生的議論及〈形神論〉思想均一致，文筆亦接近。反觀華譚在本傳中奏對、思想意識和文章寫作方式，與〈形神論〉不類。

6. 吳惟明本文之《弘明集》，由汪道昆作序，汪序亦云「漢恒譚」，則此「晉」字爲吳刊之誤字可知。

基於以上各點，得出結論是：〈形神論〉是桓譚作品，《弘明集》裡可能是摘錄而非全文；「形神」的標題也是陸澄選錄時所加，〔註41〕「漢桓譚」誤爲「晉桓譚」，其錯始於時代萬曆年間吳刻本。

三、慧通〈駁顧道士夷夏論〉

前文述及〈理惑論〉眞僞一直是學界懸案，其中引發爭議之一，即是〈理惑論〉與慧通〈駁顧道士夷夏論〉有許多相同處，因而懷疑〈理惑論〉是南朝宋僧人慧通僞作。

梁·慧皎《高僧傳》卷七載有〈慧通傳〉，〔註42〕慧通生年不詳，卒於劉宋順帝中，據僧傳說，宋孝武帝對慧通「厚加寵秩」。慧通後來作〈駁顧道士（顧歡）夷夏論〉收於《弘明集》卷七。

按陸澄《法論》第十四帙已收錄〈车子〉，但有關夷夏論的爭論文章卻一篇也沒有；到僧祐時，始將〈理惑論〉、〈顧道士夷夏論〉等文一併收入，由此可知，〈駁顧道士夷夏論〉應比〈理惑論〉稍後撰成於世，故學養豐富、識見淵博的陸澄編《法論》時尚未見到，因而未收。

〈駁顧道士夷夏論〉與〈理惑論〉文句型態基本相同者約有十二處：

〔註40〕《昭明文選·卷二十三·廬陸王墓下詩》李善注曰：「桓子新論曰，漢高祖建立鴻基伴功，湯武及身病，得良醫弗用，專委婦人，歸之天命，亦以誤矣，此必通人而蔽者也。」

〔註41〕《出三藏記集》卷十二列《法論》目錄第十二帙順序是鄭道子的〈神不滅論〉，然後是桓君山的〈新論論形神〉，可見陸澄編輯《法論》時，已經將〈新論論形神〉擬卷於〈神不滅論〉的後面。僧祐《弘明集》沿陸氏之舊，在選入鄭道子〈神不滅論〉之後，又把桓君山〈論形神〉附於其後，在排列次序上是一樣的。《大唐內典錄》卷十載《法論》目錄第十二帙，亦題「桓君山新論論形神」，可見本篇自劉宋陸澄選錄後，歷史相傳從無異說，「論形神」的標題也是陸澄所加，今《弘明集》標題爲「新論形神」與《法論》目錄相較，知《弘明集》還脫漏一個「論」字。

〔註42〕《大正藏》五十冊，頁374。

	〈理惑論〉		〈駁顧道士夷夏論〉
1	所以生天竺者，天地之中，處其中和也。	第一問	天竺天地之中，佛教所出者也。
2	老子曰：吾所以有大患，以吾有身也。若吾無身，吾有何患？	第十二問	故老子云：吾所以有大患者，為吾有身，及吾無身，吾有何患？
3	昔人不見麟，問嘗見者：麟何類乎？見者曰：麟如麟也。問者曰：若吾嘗見麟，則不問子矣。而云麟如麟，寧可解哉？見者曰：麟麋身、牛尾、鹿蹄、馬背。問者霍解。	第十八問	昔者有人未見麒麟，問嘗見者曰：麟何類乎？答云：麟如麟也。問者曰：若嘗見麟則不問也，而云麟如麟，何耶？答云：麟麋身、牛尾、鹿蹄、馬背。問者乃曉然而悟。
4	老子曰：五色令人目盲。	第十九問	老氏謂五色所以令人目盲。
5	公明儀為牛彈清角之操，伏食如故。非牛不聞，不合其耳矣。轉為蚊虻之聲、孤犢之鳴，即掉尾奮耳，躑躅而聽。	第二十六問	昔公明儀為牛彈清角之操，伏食如故，非牛不聞，不合其耳也。轉為蚊虻、孤犢之聲，於是奮耳掉尾，躑躅而聽之。
6	子之所誘，猶握瓢觚欲減江海，蹠耕耒欲損崑崙，側一掌以翳日光。	第二十八問	……子之謂矣。譬猶持瓢欲減江海，側掌以蔽日月。
7	吾觀老氏上下之篇，聞其禁五味之戒，未睹其絕五穀之語。	第三十問	仆聞老氏有五味之戒，而無絕穀之訓矣。
8	顏淵乘駟之日，見東野畢之馭知其將敗。子貢觀邾魯之會，照其所以喪。	第三十四問	若夫顏回見東野畢之馭，測其將敗。子貢觀邾魯之風，審其必亡。
9	牟子曰：輕羽在高，遇風則飛細石在谿，得流則轉。唯泰山不為飄風動，磐石不為疾流移。梅雨遇霜而落葉，唯松柏之難凋矣。	第三十五問	夫正道難毀，邪理易退。譬若輕羽在高，遇風則飛；細石在谷，逢流則轉。唯泰山不為飄風所動，磐石不為疾流所回。是以梅李見霜而落葉，松柏歲寒之不凋，信矣。
10	牟子曰：指南為北，自謂不惑，以西為東，自為不矇。	第三十六問	諺曰：指南為北，自謂不惑，指西為東，自謂不蒙。
11	蟬之不食，君子不貴；蛙蟒穴藏，聖人不重。	第三十六問	是以蟬蛾不食，君子誰重；蛙蟒穴藏，聖人何貴。
12	舜有蒼梧之山，禹有會稽之陵……周公有改葬之篇，仲尼有兩楹之夢……曾參有啓足之辭，顏淵有不幸短命之記……而云不死，豈不惑哉？	第三十七問	吾子獨云不死，何其濫乎！故舜有蒼梧之墳，禹有會稽之陵，周公有改葬之篇，仲尼有兩楹之夢，曾參有啓足之辭，顏回有不幸之嘆。子不聞乎，豈謬也哉？

　　從上表所列，可證兩者有必然關係，但是究竟是誰抄誰的呢？根據歷來學者研究顯示，既不能絕對排除慧通先偽造了〈理惑論〉，然後按照〈理惑論〉的思路來寫〈駁顧道士夷夏論〉的可能性，亦不能排除慧通是讀了〈理惑論〉

後，才竊取其中主要思想觀點乃至詞句來撰寫〈駁顧道士夷夏論〉，〔註43〕不過，後者的可能性應比前者更大，因爲慧通在字詞方面，顯然稍稍作了刪改，應有意隱瞞自己對〈理惑論〉的抄襲。如〈理惑論〉中的「顏淵」，慧通皆改作「顏回」；又〈理惑論〉第三十五問：「牟子曰，指南爲北，自謂不惑……」慧通把前句的「牟子曰」改爲「譬若」，後句的「牟子曰」改爲「諺曰」。

　　此外，有些文句因是從〈理惑論〉中硬生生剽竊而來的，故在〈駁顧道士夷夏論〉中顯得格格不入，如〈理惑論〉第十八問，用麟的譬喻說明佛經廣取譬喻之必要性是很妥切的，而慧通卻在駁斥長生不死之論後，硬加上這一段關於麟的譬喻，諸如此類，可見慧通抄襲〈理惑論〉的可能性極大。

第五節　著錄與版本

　　本節在考訂大藏經雕印前後，各種佛典及目錄著錄《弘明集》情形，以及非佛教書目著錄情形。

一、著　錄

1. 佛教類著錄情形

（1）寫本藏經時代

　　隋代以後佛教經錄，除《眾經別錄》與《出三藏記集》外，今皆未見。《眾經別錄》全文已佚，今但見存於敦煌寫本殘卷中，然該書已知作於劉宋之世，〔註44〕而僧祐《弘明集》成於梁代，晚於劉宋。故《眾經別錄》必無《弘明集》之著錄，今見最早著錄《弘明集》之經錄，即同爲僧祐所撰之《出三藏記集》。

　　以下依成書時代前後順序，列出著錄《弘明集》之經錄及其著錄文字：

　　（a）梁・僧祐《出三藏記集》卷十二：

　　　　弘明集十卷。（有序及目錄）〔註45〕

　　（b）隋・法經《眾經目錄》卷六：

　　　　弘明集傳十卷。注云：「釋僧祐撰」。〔註46〕

〔註43〕譚世保著《漢唐佛史探眞・理惑論與駁顧道士夷夏論》，頁313～314。
〔註44〕王重民《敦煌古籍敍錄》卷四子部下及《敦煌學》第四輯潘重規〈敦煌寫本重經別錄之發現〉考證，《眾經別錄》可確定成於劉宋。
〔註45〕《大正藏》五十五冊，頁87～93。

（c）隋・費長房《歷代三寶記》卷十一：

弘明集一十卷〔註47〕

（d）唐・道宣《大唐內典錄》卷四及卷十：

弘明集一十四卷。〔註48〕

（e）唐・智昇《開元釋教錄》卷六：

弘明集十四卷。注云：「祐等三錄並云十卷，今見十四卷。見僧
祐、長房、內典等錄。」

又卷二十：

弘明集十四卷二百八十九紙。

（按：此乃《開元釋教錄・入藏錄》部分，指出其卷數及傳寫抄繕
紙數）

（f）唐・智昇《開元釋教錄略出》卷四：

弘明集十四卷，梁建初寺釋僧祐撰。注云：「出長房錄」

（g）唐・圓照《貞元新定釋教目錄》卷九：

弘明集十四卷。注云：「祐等三錄並云十卷，今見十四卷，卷見
僧祐、長房、內典等錄。」

又卷三十〈入藏錄〉：

弘明集十四卷，二百八十九紙。

（按：此條抄自《開元釋教錄》）

在上述經錄中，所以有十卷本和十四卷本之不同，乃法經、費長房依《出
三藏記集》卷十二僧祐自署《弘明集》十卷之故。事實上，《弘明集》十四卷
本應完竣於《出三藏記集》後（詳見本章第三節）；法經、費長房極可能只見
《出三藏記集》記載而未親睹《弘明集》一書，故著錄爲十卷，及至唐・道
宣，才恢復《弘明集》十四卷本面目。

（2）雕版藏經時代

《弘明集》全文始載於宋藏經雕印之後，以下即爲《弘明集》歷代奉敕
刊刻存錄概況：〔註49〕

〔註46〕同註44，頁146。
〔註47〕《大正藏》四十九冊，頁97。
〔註48〕同註44，頁265～331。
〔註49〕《弘明集》入藏情形，參考陳士強編《佛典精解》，頁1079。

　　（a）宋藏：集、墳函。

　　（b）金藏：集、墳函。

　　（c）元藏：集、墳函。

　　（d）明南藏：車、駕函。

　　（e）明北藏：八、縣函。

　　（f）清藏：千、兵函。

　　（g）高麗藏：集、墳函。

　　（h）《大正藏》：五十二卷。

　　高麗藏與《大正藏》雖爲國外漢文藏經，但高麗藏屬北宋敕版雕本，而《大正藏》又是以高麗藏爲主要底本刊行，故本文並列於此。

2. 非佛教類著錄情形：

　　非佛教典籍收錄《弘明集》者極眾，〔註50〕本文僅擇史志及四庫著錄者列之如下：

　　（1）、《舊唐書》卷四十七〈經籍志〉丁部總集類：

　　　　弘明集十四卷。注云：釋僧祐撰。

　　（2）、《新唐書》卷五十九〈藝文志〉子部道家類：

　　　　弘明集十四卷。

　　（3）、《宋史》卷二○五〈藝文志〉子部道家附釋氏：

　　　　僧祐弘明集十四卷。

　　（4）、文淵閣《四庫全書》第一○四八冊子部儒家類：

　　　　宏明集十四卷及提要。〔註51〕

〔註50〕除正史之外，私家存有《弘明集》目錄者甚多，較有名者如晁公武《郡齋讀書志》、鄭樵《通志‧藝文略》、馬端臨《文獻通考‧經籍考》以及莫友芝《邵亭知見傳本書目》、張金吾《愛日精廬藏書志》、陸心源《皕宋樓藏書志》等。

〔註51〕《四庫全書總目提要》卷一四五子部釋家類對《弘明集》介紹是：「梁釋僧祐編。僧祐姓俞氏，彭城下邳人，初出家揚都建初寺，武帝時居鍾山定林寺，唐書藝文志載僧祐宏明集十四卷，此本卷數相符，蓋猶釋藏，末有僧祐後序而首無前序，疑傳寫佚之。所輯皆東漢以下至於梁代，闡明佛法之文，其學主於戒律，其說主於因果，其大旨則主於抑周孔排黃老，而獨伸釋氏之法，夫天下不言而自尊，聖人之道不言而自信，不待誇不待辨也，恐人不尊不信而囂張其外，以彌縫之，是亦不足於中之明證矣。然六代遺編，流傳最古，梁以前名流著作，今無專集行世者頗賴以存，終勝庸俗，緇流所撰述，就釋言釋，猶彼教中雅馴之言也。」

（5）、《四部叢刊》初編子部：

　　　弘明集十四卷。

　　《兩唐書》與《宋史》皆只著錄書目名稱，《四庫全書》始載《弘明集》全文；再從上述列引來看，各書歸類情形不一，有子入部、有入子部，亦有附屬道家者。

二、版　本

　　《弘明集》現在通行者，大別可分成兩種版本，一為藏本，一為單刻本，單刻本中又以明代吳惟明刻本（即所謂汪道昆本）最常見。藏本與吳本主要差別在別藏本有前序，吳刻本則無前序。

　　《四庫全書》與《四部叢刊》所收錄者均為吳刻本，因《四庫全書》提要言：「末有僧祐後序，而首無前序，疑傳寫佚之。」以是知為吳刻本：《四庫叢刊》則在《弘明集》刻本封面題「汪道昆本」。

　　值得注意的是，中央圖書館善本書目及《四部叢刊》書錄皆注明為汪道昆刻本，此實吳惟明刻本之誤，原因出在吳惟明刻本卷首有一篇汪道昆序文導致，後傳者遂以訛傳訛，皆以汪道昆本相稱。

　　據陳援庵在《中國佛教史籍概論》指出，〔註52〕吳惟明即吳康虞（吳惟明字康虞），而汪道昆乃明代隆慶、萬曆間名人，故吳惟明在合刻《弘明集》與《廣弘明集》時，請汪道昆作序，此由汪序中數言康虞之名並指明《弘明集》為康虞所刻可知，〔註53〕然而後人只見汪序乃指汪刻，延誤至今，令人詫異。

　　此外，今日吳本《弘明集》普遍流傳之因，係明代流行於民間的嘉興藏本《弘明集》，刊於萬曆四十四年，而吳氏本則成於萬曆年十四年，〔註54〕捷足三十年，故明代以後通行之版本，大半為吳刻。

小　結

　　《弘明集》乃僧祐自謂「為法禦侮」、「摧邪破惑」之作，並開創佛教總

〔註52〕同註13。頁48～50。
〔註53〕汪道昆序中數見康虞之名，一則曰：「二集（弘明集與廣弘明集）並入大藏，如海一漚，康虞抔而出之，易梵笈為儒笈。」再則曰：「二集所輯具有羽翼功，幸得唐虞為之臚傳。」三則曰：「康虞之為是舉也，殆將發牆面之矇，解兩家之難。」末則曰：「康虞得師達觀（按：達觀指紫柏大師），抑或可以語此，是集固將流通無間。」見《四部叢刊》初編子部《弘明集》汪序。
〔註54〕劉建國編《中國哲學史料學概要》上冊，頁364～365。

集先例，收錄了東漢至梁諸多篇章，此在中國思想史、佛教史上皆屬極重要文獻，正如《四庫全書總目提要》所說：「六代遺編，流傳最古，梁以前名流著作，今無專集行世者，頗賴以存。」〔註55〕

《弘明集》保存史料之價值固然可貴，同時，它大量收的著名論題作品如夷夏論、神滅論等，可使後世了解佛教中國化歷程概貌，包括佛教初行中國時所遭遇的疑難及辯解。

《弘明集》本身對後世撰作也產生影響，如唐代道宣有《廣弘明集》，只看其名，就可知道它是在《弘明集》的直接影響下編成，後世亦往往以二集並稱，如宋・贊寧《大宋僧史略并序》即云：「夫僧本無史，覺乎弘明二集，可非記言耶？」〔註56〕

然則，《弘明集》亦有不足之處，譬如其分類並非全然依序言所說的「類聚區分」，有的地方往往將內容不同、風格相殊的文章編在同卷中。另外，卷十二的〈與桓太尉論州符求沙門名籍書〉，署名為支道林（支遁）所作，該文首句便是：「隆安三年（399）四月五日，京邑沙門等頓首曰」，而據《高僧傳》卷四〈支遁傳〉說，支遁「以晉太和元年（366）閏四月四日終於所在，春秋五十有三。」〔註57〕如此，至隆安三年，早已去世三十三年，故定非支遁之作，而且桓玄下令州府登記沙門戶籍，事在元興元年（402），也非「隆安三年」（399）。諸如此類，雖有小疵，然所謂「瑕不掩瑜」，《弘明集》所具有之特質與意義，固不能否定也。

〔註55〕見註50。
〔註56〕《大正藏》五十四冊，頁234。
〔註57〕《大正藏》五十冊，頁349。

第四章　漢魏佛教中國化之展開

佛教自兩漢之際傳入中國，至東漢末、三國時期，佛教已開始在社會流行；當時中國人是如何看待佛教？信佛傳播者又是如何介紹佛教？這是初傳期兩個最重要的問題，以現有文獻觀之，此等答案皆多零散而沒有系統，唯牟子〈理惑論〉算是較他書最早全面反映當時情況，從中我們可以看出佛教怎樣邁出它漢化的第一步，因此，本章所討論的主題，悉依〈理惑論〉為底本，再輔以他書作詮釋、旁證。

牟子〈理惑論〉是以賓主一問一答的方式，假設問者對佛教提出種種疑難，而作答的牟子則根據對方所提不同的問題，旁徵博引經傳予以解答，故從這篇文章，大略可了解當時人們對佛教的反應和理解。

第一節　魏漢佛教特質

〈理惑論〉內容除去序傳與跋語，實際是三十七章，[註1] 若再將其歸納，可從如下幾項，看出漢魏佛教在當時狀況：

一、儒教的抨擊

（一）儒家以五經為教，可誦而履行，但佛教虛無恍惚之說，其意難見，不明所云。〈理惑論〉第四問 [註2]

（二）儒家制七經，不過三萬言，而眾事備焉，佛教經卷以萬計，言以

〔註1〕《大正藏》五十二冊，頁1～7。
〔註2〕同註1，頁2。

億數，煩而不要。〈理惑論〉第五問〔註3〕

（三）儒家不談怪力亂神，但佛有三十二相八十種好，多說異人。〈理惑論〉第八問〔註4〕

（四）儒家教人身體髮膚受之父母不可毀傷，但佛教教人剃髮。〈理惑論〉第九問〔註5〕

（五）儒家說福莫踰於繼嗣，不孝莫過於無後，但佛教捨棄妻子財貨，終身不娶。〈理惑論〉第十問〔註6〕

（六）儒家正衣冠，服飾甚嚴，而佛教披赤布，見人無跪起禮，何其違貌服之禮。〈理惑論〉第十一問〔註7〕

（七）儒家說人死為鬼，佛教稱人死復更生，何其難信也。〈理惑論〉第十二問〔註8〕

（八）儒家言用夏變夷，未聞用夷變夏，佛教乃夷狄之術。〈理惑論〉第十四問〔註9〕

（九）佛教棄其親而敬他人，不愛其親而以利他為事，但儒家乃以此為悖禮悖德之行為。〈理惑論〉第十五問〔註10〕

二、道家的對抗

（一）皇帝養性，以五肴為上，而佛教每日一食、閉六情。〈理惑論〉第十九問〔註11〕

（二）為道者辟穀不食而飲酒啖肉，但佛教辟酒肉而食穀。〈理惑論〉第三十問〔註12〕

（三）道家云，人皆不死而仙，佛教云，人皆當死莫能免。〈理惑論〉第三十七問〔註13〕

〔註3〕同註2。
〔註4〕同註2。
〔註5〕同註2。
〔註6〕《大正藏》五十二冊，頁3。
〔註7〕同註6。
〔註8〕同註6。
〔註9〕同註6。
〔註10〕同註6。
〔註11〕《大正藏》五十二冊，頁4。
〔註12〕《大正藏》五十二冊，頁6。
〔註13〕同註12。

由上述可知，佛教初傳之際，經典傳譯尚需時日，人們對其教義內容感到陌生，無論在生活形式或對義理認知上，皆與傳統儒道思想大不相容，故受到質疑；尤其，攻擊佛教的主要言論來自儒家，在此情況下，佛教要在中土傳法生存，首要的就是與固有文化相適應。大體而言，當時佛教是採兩種渠道傳播，一是迎合中土社會時尚，襲用漢代盛行的黃老信仰與方仙道術來吸引信眾，一是採用傳統所熟悉的語言概念詮釋佛教觀念，然亦因此等模式而建立出漢魏佛教中國化的色彩。

第二節　漢魏佛教：宗教方面的中國化

一、內佛外道的形成背景

了解早期佛、道的基本關係，有助於認清佛教早期真實情況及其能在中國發展的原因。

牟子〈理惑論〉中有云，社會上對於其時佛教（牟子稱「佛道」）的態度，一般是「世人學士多謗毀之」（第二十四問），顯見大多數恪守孔子「不語怪力亂神」儒教的文人士大夫視佛教為夷狄之術而不屑一顧，難怪，《隋書‧經籍志》在說明佛教開始進入中國的情景時謂：「中土聞之，未之信也」；〔註14〕梁啟超甚至認為，公元一世紀至四世紀初約三百年間，「佛教漸漸輸入中國且分布於各地，然其在社會上勢力極微薄」，〔註15〕唯有少數與異族有接觸及好奇之士（如博士弟子景盧、楚王英、襄楷、牟子）才有所稱述，佛教本來面目原未顯著。

釋迦教義來自域外，自始即不為廣被儒家教化之漢人所了解，於是自覺或不自覺地融進中國本民族的黃老道家信仰中。佛教作為一種外來完整形態的宗教，本具有不同於中國傳統思想的教義，而且是一個有組織的團體，還有一套禮拜祠祀的教規教儀；因此兩漢之際，當鬼神之說熾盛時，〔註16〕佛教也談三世因果；道教信長生不死，釋氏就言生死輪迴；佛家拜佛，而神仙

〔註14〕《隋書》卷三十五。
〔註15〕梁啟超《佛教研究十八篇‧中國佛法興衰沿革說略》，頁3。
〔註16〕《史記》卷二十八〈封禪書〉云：武帝初即位，尤敬鬼神之祀。東漢‧王充《論衡》多辯世俗鬼神之說，〈論死篇〉說，世謂死人為鬼，有知能害人。此皆信鬼之證。

家有祀神之儀，〔註17〕這些形式內容雖異，卻可比附，因此佛、道二者在某些交集處相資爲用，時人也往往並談，〔註18〕結果遂成內佛外道之勢，佛、道在漢代之關係於此可知。

佛教傳來初期，不僅佛、道相通，道家與道教、方術神仙亦早已混而成一，〔註19〕《四庫提要》說：「黃老之學，漢代並稱，然言道德者稱老子，言靈異者稱黃帝」，〔註20〕佛教學者湯用彤更詳言：

> 道家者流，早由獨任清虛之教，而與神仙方術混同。陰陽五行，神仙方技，既均托名於黃帝。而其後方仙道，更益以老子，於是黃老之學遂成爲黃老之術。降及東漢，而老子尤爲道家方士所推崇，長生久視之術，祠祀辟穀之方，均言出於老子。〔註21〕

在牟子〈理惑論〉中，我們不僅可以看到上述黃老一家面貌，亦可找出用中國廣義道家（即包括黃老、方術仙道）來闡釋佛教內容的例子。

二、內佛外道的傳播方式

1. 以道解佛

牟子雖是位「耽詩書、悅禮樂」的儒者，但綜觀〈理惑論〉全文，牟子卻屢屢引用道家老子所說，並有予以正面肯定意味，〔註22〕但對當時流行的道術，作了批判：

> 神仙之書，聽之則洋洋盈耳，求其效猶握風而捕影，是以大道之所不取。（第二十九問）
>
> 吾未解大道之寺，亦嘗學焉（按：指辟穀求仙）。辟穀之法數千百術，

〔註17〕 湯一介《魏晉南北朝時期的道教》云，東漢黃老道家之學爲之一變，其一支走向祠祀求神而與神仙家合。頁6。

〔註18〕 牟子稱釋教爲佛道，而《四十二章經》中稱釋道。湯用彤《漢魏兩晉南北朝史》認爲漢代佛教道家本可相通。

〔註19〕 《莊子·天下篇》舉儒墨陰陽名法諸學時，總名之爲道術；《史記》卷一百三十言司馬談論六家要指，以黃老清淨無爲曰道家，而〈封禪書〉已稱方士爲方仙道，漢末有太平道教；東漢·王充《論衡·道虛篇》又以辟穀養氣神仙不死之術爲道家。

〔註20〕 《四庫全書提要》卷一四六。

〔註21〕 《漢魏兩晉南北朝佛教史》，頁55。

〔註22〕 〈理惑論〉中引用道家老子之處計有第三、四、七、八、十、十二、十三、十八、十九、二十、二十二、二十五、二十七、三十、三十一、三十二、三十七等問。

行之無效，爲之無徵，故廢之耳。（第三十一問）

由此可見，牟子已經自覺到「佛道」與求長生之術不同，他對生命的理性了解超過了神仙家求不死的荒誕層次，所以他想與道術劃清界線。不過，由於時代的限制，彼時佛經傳譯不廣不多，牟子對佛家精神了解有限，故仍不能免俗地套用黃老道家名辭與觀念來理解佛教，最明顯的例子，就是他對「佛」義的宣述。有人問牟子：「佛爲何謂乎？」牟子回答曰：

佛者，諡號也。猶名三皇神、五帝聖也。佛乃道德之元祖、神明之宗緒。佛之言覺也，恍惚變化，分身散體，或存或亡，能小能大，能圓能方能老能少，能隱能彰，蹈火不燒，履刃不傷，在污不染，在禍無殃，欲行則飛，坐則揚光，故號爲佛也。（第二問）

牟子把佛誇耀成外型超凡、能分身變化、水火不傷的神人，這些描繪的語言與黃老神仙家對「眞人」的形容非常相似。

例如：《莊子·大宗師》說：

古之眞人……。登高不慄，入水不濡，入火不熱。

《史記·秦始皇本紀》裡，方士盧生對秦始皇說：

眞人者，入水不濡，入火不熱，凌雲氣，與天地久長。〔註23〕

《淮南子·精神訓》所謂的眞人是：

所謂眞人者，性和於道也。故有而若無，實而若虛……無爲復樸，體本抱神，以遊於天地之樊，茫然仿佯於塵垢之外……大澤焚而不能熱，河漢涸而不能寒也，大雷毀山而不能驚也，大風晦日而不能傷也……休息於無委曲之隅，而游遨於無形埒之野，居而無容，處而無所，其動無形，其靜無體，存而若亡，生而若死，出入無間，役使鬼神……。

對照這些眞人無入而不自得的描述，與牟子對佛的描述，十分相像。而當時也有人對佛是否眞具有如此神通的說法表示懷疑，問牟子曰：

云佛有三十二相、八十種好，何其異於人之甚也，殆富耳之語，非實之云也。（第八問）

牟子雖然認爲這些人是「少所見，多所怪」，不過，牟子等早期佛教徒並未能掌握佛教眞義回答。佛教固有法身、報身、應身的「三身說」，〔註24〕牟子稱

〔註23〕《史記》卷六。

〔註24〕關於佛的三身說有不同的講法，最流行的兩種是法身、報身與應身，另一則

佛能「分身散體」就有法身意味，但不應偏重在色相神通上解佛，而應在戒、定、慧等究竟無漏功德精神〔註25〕上說，所謂「肉體雖逝法身在」，〔註26〕不過，這恰也符合牟子書中的時代精神，〈理惑論〉中的佛與袁宏《後漢記》所描寫的佛相差不遠，皆予以神化，其目的不外是用中國傳統的宗教和文化意識使人們接受外來的佛教。

　　類似的情形，亦出現在牟子〈理惑論〉中對「佛道」之義的解釋。他用中國道家來解釋「佛道」意義：

　　　　道之言導也，導人至於無爲。牽之無前，引之無後；舉之無上，抑
　　　　之無下；視之無形，聽之無聲，四表爲大，蜿蜒其外，毫釐爲細，
　　　　間關其內，故謂之道。（第三問）

在此，牟子提到老子的「無爲」，卻未暢言佛與道的關係，不過未久，牟子又說：「佛與老無爲志也」（第十一問），把佛與老以「無爲」歸爲一類。

　　「無爲」這個概念最早由老子提出。如《老子》三十七章曰：「道常無爲而無不爲」，三十八章曰：「上德無爲而無以爲」。牟子所講的「無爲」應是初期佛經翻譯時對涅槃、解脫的一種譯法，〔註27〕與道家「無爲」原意相異，佛家「涅槃」係指從煩惱中解脫，不再於生死循環中流轉，而道家的無爲與此並無相關。

　　至於牟子對「佛道」所作的解釋，其語言形式則是借用道家對道的描述而來，譬如《老子》三十五章有：

　　　　道之出口，淡乎其無味，視之不足見，聽之不足聞。

《淮南子‧原道訓》亦云：

　　　　……累之而不高，墮之而不下，益之而不眾，損之而不寡。

把這些引文與上面牟子之說稍加對照，即可看出差別不大。因此，任繼愈在《中國佛教史》裡說：

　　　　道在老子、莊子那裡，是作爲萬物的精神本源，而在淮南子那裡，
　　　　是構成世界物質性本源"氣"；無論那一種，道都是世界的構成因

　　　　是法身、應身與化身。參見吳汝鈞《佛教的概念與方法》，頁19～21。
〔註25〕　印順解釋，眾生的有漏五蘊是色、受、想、行、識，這是必朽的，佛所有的
　　　　無漏五蘊是戒、定、慧、解脫、解脫知見，並不會因涅槃而就消滅。見《初
　　　　期大乘佛教之起源與開展》，頁161。
〔註26〕　《增一阿含經》卷一，《大正藏》第二冊，頁549。
〔註27〕　自東漢安世高等所譯的佛經常以無爲代替涅槃。

素。但對於佛教的"道"來講，用這些字句來描述都是不準確的。
〔註28〕

　　佛教由漢至三國勢力之推廣，在語言傳播上，採取方式略如上述，在社會崇奉上，則取法佛老並祀一途：

2. 佛老並祀

　　牟子〈理惑論〉中未直接提到祠祀之事，但與祭祀有關的「齋戒」則有三處：

> （牟子答曰）持五戒者，一月六齋，齋之日，專心一意，悔過自新。
> 沙門持二百五十戒，日日齋，其戒非優婆塞所得聞也。威儀進止與古之典禮無異。（第一問）
> （問者曰）佛道以酒肉爲上戒……。（第三十問）
> （牟子曰）願受五戒爲優婆塞。（尾語）

由於漢代戒律未備，牟子所言又過於簡要，無法確知當時實況，只有借助其他考證，俾能了解漢至三國佛老並祀內容。

　　佛教史學者郭朋指出，漢之齋戒雖是佛教所重視，但彼時「齋」並不是指吃素，齋與戒通常是連在一起，〔註29〕且與祭祀有緊密關係，他說：

> 這是未出家的在俗信徒們在一定時間內所受的一種規戒。「祭祀」，
> 可就顯示出時代特徵了；當時，傳入中國還未久的佛教，也被看成
> 是一種方術；而佛陀則被看作是也能夠福祐於人的一種神祇。所以，
> 劉英信奉佛教，不但要受「齋戒」，而且還要行「祭祀」。〔註30〕

根據文獻記載，中國最早行浮圖齋戒者，爲東漢楚王劉英，《後漢書》卷四十二〈楚王英傳〉：

> （英）晚節更喜黃老，學爲浮圖齋戒祭祀。永平八年，詔令天下死
> 罪皆入縑贖。英遣郎中令奉黃縑白紈三十匹詣國相……詔報曰：楚
> 王誦黃老之微言，尚浮圖之仁祠，潔齋三月，與神爲誓，何嫌何疑，

〔註28〕任繼愈《中國佛教史》，頁187。
〔註29〕郭朋認爲，漢代佛教齋戒，通常是指所謂的「八關齋戒」，即1、不殺。2、不盜。3、不淫。4、不妄語。5、不飲酒。6、不坐高廣大床。7、不著香花、身不塗香油。8、不歌舞唱伎。以上八項爲「戒」。再加過午不食，這一條爲「齋」，就成八關齋戒，實則戒、齋合計，共有九條。關者，禁閉義，意謂受此齋戒，即能禁閉一切過惡。《中國佛教史》，頁20。
〔註30〕同註29。

當有悔吝？其還贖，以助伊浦塞、桑門之盛饌。

從上述劉英齋戒祭祀、漢明帝詔文所謂「尚浮圖之仁祠」看來，劉英視佛教為「仁祠」，信佛，主要也是為了祈求福佑。蓋黃老神仙最初服食修練外，尚講祠祀之方，故浮圖齋戒祭祀，亦成為方術附庸。

事實上，從東漢初年楚王英到漢末三國，皆把浮圖黃老視為一類而並祀，且其齋戒祭祀內容應是延用中國由周至漢盛行的儒道傳統方法，異於後來傳入的佛教戒律。這從其他相關史傳記載可得明證：

（1）《後漢書》卷七〈桓帝紀〉：（桓帝）設華蓋以祠浮圖、老子。

（2）《後漢書》卷三十〈襄楷傳〉：聞宮中立黃老浮圖之祠。

（3）《後漢書》卷八十八〈西域傳〉：漢自楚王英始盟齋戒之祀，桓帝又修華蓋之飾。

這三條資料可證明桓帝祭祀浮圖、老子，應是與楚王英一脈相承，只是桓帝祭祀的器物比楚王有所增加，不過基本方法則相同。此外，《後漢書‧祭祀志》說：

（桓帝）親祀老子於濯龍，文罽為壇飾，淳金銀器，設華蓋之坐，

用郊天樂也。

注引《東觀漢記曰》：

祠用三牲，太宮設珍饌，作倡樂，以求福祥。

按此文雖只提老子而未及浮圖，但據上引〈桓帝紀〉、〈襄楷傳〉，可知漢代帝王不但是把黃老與浮圖並祀，而且用牛、羊、豬三牲等，那麼，楚王英之齋戒祭祀及齋僧設饌以饗沙門居士，或應有酒有肉，可以推見。及至三國，《三國志‧劉繇傳》載笮融：

每浴佛，多設酒飯，布席於路，經數十里，民人來觀及就食且萬人。

笮融浴佛時設酒飯予佛徒，當是沿襲楚王英、桓帝祭祀浮圖遺風，也都是中土神祠再現，悖於佛教本意。《高僧傳》卷一〈曇柯迦羅傳〉，對於漢魏此種情形也有相似記載：

（曇柯迦羅）以魏嘉平中來至洛陽，於時魏境雖有佛法而道風訛替；

亦有眾僧，未稟歸戒⋯⋯設復齋懺，事法祠祀，迦羅既至，大行佛

法。〔註31〕

直到三國魏時，齋懺活動，仍然效法漢代流行的道術祠祀，其「戒規」之雜

亂可知，然而從另一方面觀之，牟子於彼時作〈理惑論〉，斥民間神仙術術，使佛教自立，不再託庇黃老且戒律漸備（理惑論第三十問，牟子假問者云，佛道以酒肉爲上戒），〔註32〕足證時代精神已爲之轉換，可以說牟子〈理惑論〉走出了中國佛教獨立的第一步。

第三節　漢魏佛教：倫理方面的中國化

佛教的初傳，並未爲因本文上節所言依附方術及少數貴族（如楚王英等）的信仰而受到中國人無條件接受，相反地，佛教來自文化背景殊異之印度，故受到一些儒家和道家的極力撻伐，各種排斥意見被提了出來（參見本章第一節），這些理論，發端於東漢末年，成熟於南北朝。儒、道攻擊最烈之處，即在於批評佛教不符合中國固有倫理，其中包括婚嫁生育、孝親禮敬、服貌儀容等，這些問題，從現象上看是倫理僧俗之別，然而，究其根柢，這是「夷夏之爭」；尤其是儒家，當印度佛教於漢末來到中土之際，儒家入世倫理觀已然根深蒂固於漢民族思想裡，而不同於中國的出世佛教，自易受到儒家人士黜斥。從漢末至南北朝，隨著時代發展，佛教勢力越來越大，非難的論調也越來越多，而且不再限定儒家人士。本節以〈理惑論〉爲範圍，乃是探討廣泛論爭的開始。

一、夷夏問題

1. 夷夏觀念之形成及其義意

考察中國上古，原無所謂夷、夏之分。最初的社會只有血緣團體的姓族或氏族間的相爭，到了夏后先建立以蛇族爲中心的部落聯盟，中國儼然開始了雛型的政治組織，〔註33〕但此一政治組織仍以血緣氏族的「夏」爲族號稱謂，而與夏結盟者便稱「諸夏」。《說文》卷五下：「夏，中國之人也」。清·段玉裁《說文解字注》更引申爲「大」之意，可見夏民族已隱然自覺大於其他民族，或優於其他民族。

〔註32〕被認爲是漢末譯出的《四十二章經》裡已有戒規，但學界有據《高僧傳·曇柯迦邏傳》稱印度佛教戒本應至三國魏時始在中國譯出。湯用彤以爲，魏之前並非沒有戒律，只因出家者稀，故不須廣譯戒本，漢代戒律或由西域人口傳而未全譯出。參見《漢魏兩晉南北朝佛教史》，頁 102～103。

〔註33〕潘英著《中國上古史新探》上冊，頁 135。

殷商代夏后氏成為中原盟主後，夏文化的影響力並未中斷，夏的名稱也繼續存在，〔註34〕此時，自夏以來對夷人的爭戰雖然方興未艾，〔註35〕但商與夷在文化上立卻尚未看出，直到西周，才發生劇變。

姬周屬牛族，源自陝西渭水流域，牛族可能來自蛇族，故周、夏原有淵源，〔註36〕自周承繼夏之舊彊，便自稱「有夏」，例如《尚書·周書·君奭》：

　　惟文王尚克修和我有夏。

〈康誥〉：

　　用肇造我區夏。

有夏、區夏皆周人自稱。同時，「中國」一詞亦正式出現，〔註37〕首見於《尚書·周書·梓材》：

　　皇天既付中國民，越厥彊土，于先王。

此處中國指中原，表一定領域。王爾敏先生並考證，先秦「中國」一詞主要指諸夏領域，同時亦顯示此一區域民族文化的一統觀念，〔註38〕中國與諸夏、華夏涵義並無顯著不同，只是前者範圍較大。

周人滅商，初無優越於他族表現，等到周公東征後，封建大行，強固的血親型氏族組織遭受破壞，代之而起的是宗法制度和宗族組織，值得注意的是，未必有血緣關係的諸夏，皆以周文化為認同對象，使得周文化發展更為燦爛輝煌，「中國」遂成為高度文化的代稱，並賤視文化停滯不前的他族。《國語·鄭語》記載，西周末周太史史伯大罵蠻、荊、戎、狄為「頑」，這是華夏、戎狄對立的雛型，也即顯示，夷狄成為野蠻民族的代民詞，時是在西周之後。

春秋時代，是一個華夷雜處的局面，有華夏處即有夷狄，至於舊說據《禮

〔註34〕同註33，頁136。

〔註35〕見傅斯年〈夷夏東西說〉，收於杜正勝編《中國上古史論文選集》，頁519～576。文中並說，「夷」之一號，實包括若干族類，其中是否為一族之各宗，或是不同之族，今已不可詳考。

〔註36〕童書業《中國疆域沿革略》，頁十二說，周與夏同族，故周人自稱為夏。此外，劉節《中國古代宗族移殖史論》，頁248，稱周與夏文化系統接近，在地域方面也是接近。

〔註37〕王爾敏〈中國名稱溯源及其近代詮釋〉一文，引胡厚宣《甲骨學商史論叢》指出，據甲骨卜辭知，「中國」的觀念起自商代。不過，「中國」詞態的正式出現則在周代。不過，「中國」詞態的正式出現則在周代。王文收於其自著之《中國近代思想史論》，頁447～486。

〔註38〕同註37。王爾敏作表歸納先秦文獻中之「中國」，除指諸夏領域外，還有指京師、國中等。

記・王制篇》:「中國戎夷五方之民，皆有性也，不可推移，東方曰夷……南方曰蠻……西方曰戎……北方曰狄……」以夷、蠻、戎、狄各遠居四裔、夏在中原之說，錢穆先生期期以爲不可，他舉證春秋諸夏與戎狄之間多種姓相同、華夷屢見通婚及華戎聯盟之例，說明春秋夷人血緣不單純，夷夏之別應屬文化上的界線；〔註39〕他亦指出蠻夷戎狄非四種絕不同的民族，而是可混合兼稱，換言之，區分夏、夷，主要是顯現在生活上、語言上、禮俗上、服貌上的差異。華夏以其自豪的優越感及歷次與戎狄爭鬥所產生的惡感，視夷狄爲禽獸，〔註40〕因此，春秋初期的「尊王攘夷」政治主張，應也是在此一文化背景下進行。直至孔子曰:「夷狄之有君，不如諸夏之亡也」，〔註41〕孟子曰:「吾聞用夏變夷者，未聞變於夷者也」，〔註42〕以中夏文化爲中心的思想方得完成，同時，孔孟之語所流露的夷夏文化價值判斷，亦往往成爲後來夷夏觀念中尊夏抑夷的根據。

　　至於以夷、蠻、戎、狄分配東南西北四方，當是到戰國以降，戎狄退處邊陲，中原完全成爲諸夏世界的事實，將天下秩序概念化和規則化結果。〔註43〕秦漢建立大一統國家後，夷夏雜處的局面不再（蠻夷不是被驅退於中原外，就是消融於華夏內），然而夷夏觀由於疆域的固定，更深植於華夏民族的人心之中。

2. 夷夏之爭

　　孔孟之前，分辨「華夏」和「夷狄」，並進而排斥夷狄文化，已如上述，此後此一思想一直支配著以漢人爲主的中國人心理，而佛教，不過是受到排斥的「夷狄」文化之一而已。歷史上，儒道二教用華夷之別排斥佛教，據傳早在東漢明帝時即已開始；〔註44〕成書於漢末三國的牟子〈理惑論〉，則記載

〔註39〕錢穆《國史大綱》第二編第四章，頁38～40。
〔註40〕據《說文》，蠻從蟲，貉從豸，狄從犬，或均爲圖騰遺跡，亦或是中原諸夏用來罵夷人爲禽獸。
〔註41〕《論語・八佾篇》。有關本篇的臆解意見很多，但可確知者是孔子在此篇確實將夷、夏意義分開。
〔註42〕《孟子・滕文公上》。
〔註43〕同註33，頁138。
〔註44〕《廣弘明集》卷一〈漢法本內傳〉載，東漢明帝遣使西行取佛經，獲經像，爲立佛寺爲四十二章經緘於蘭臺石室。據稱五岳諸山道士奏表云:「今陛下道邁羲皇，德高堯舜，竊承陛下棄本追末，求教西域。所事乃是胡神，所說不參華夏。」在此，把釋迦牟尼說成胡神，指佛教教義「不參華夏」，正是用儒家所倡的夷夏之別來排佛。見《大正藏》五十二冊，頁98。此說後來有學者稱非史實，然而，仍可從中一窺後代佛與儒道對立的情形。

了當時儒者對佛教的非難。〈理惑論〉中第十四問：

> 問曰：孔子曰：「夷狄之有君，不如諸夏之亡也。」孟子譏陳相更學
> 許行之術，曰：「吾聞用夏變夷，未聞用夷變夏者也。」吾子弱冠學
> 堯、舜、周、孔之道，而今捨之，更學夷狄之術，不已惑乎？

這是直接引用孔子和孟子的言論來斥責牟子捨儒崇佛，並把佛教說成「夷狄之術」，這也是歷代儒者道士反對佛教時所用的通稱。面對這樣的責難，牟子在回答中承認，在他沒有信奉佛教時也有此類言論，接著，他批評對方看問題非常片面：

> 見禮制之華，而闇道德之實，窺炬燭之明，未睹天庭之日也。孔子
> 所言矯世法矣，孟軻所云疾專一耳。昔孔子欲居九夷，曰：君子居
> 之，何陋之有？及仲尼不容於魯衛，孟軻不用於齊梁．豈復仕於夷
> 狄乎？禹出西羌而聖哲，瞽叟生舜而頑嚚，由余產狄國而霸秦，管
> 蔡自河洛而流言。傳曰「北辰之星，在天之中，在人之北。」以此
> 觀之，漢地未必為天中也。佛經所說，上下周極含血之類物皆屬佛
> 焉，是以吾復尊而學之，何為當捨堯舜周孔之道？金玉不相傷，精
> 珀不相妨，謂人為惑，時自惑乎？（第十四問）

在這段答辯中，可以歸納成幾項重點：

第一：如文章前文所述，華夷之別，實在文化上而非地理位置上，但漢人常將文化之「中」誤解為地理之「中」，牟子引用經傳之語，〔註45〕很顯然地，是要從地理的角度上，否定中國人長久以來自以為是的以漢地為天下之中的觀念，並以佛出生地才是天地之中。〔註46〕就在這樣不知不覺中，牟子將中國人所固守的文化藩籬解構於無形。

第二：牟子一方面用「孔子欲居九夷」的事例，說明聖人未必嫌棄夷狄，另一方面也指出，夷人亦非什麼都不好，譬如，禹、舜、由余等，因此，把天下分成夷、夏是沒有根據的。

第三：牟子表明自己未曾捨棄堯舜周孔之道，佛儒之間，如同金與玉般關係。

上述牟子的解析，顯示佛教的主張與儒家倫理思想不僅沒有矛盾衝突，

〔註45〕牟子引文不詳所出。

〔註46〕牟子〈理惑論〉第一問答有：「……臨得佛時，生於天竺……所以生天竺者，天地之中，處其中和也」之語。

而且可以相諧並存。這在無形中如同爲佛教開啓了進入中國的大門，披上中國化的外衣，維繫了佛教初傳中國的慧命。

二、孝敬問題

1. 儒釋孝道觀在本源上的差異

錢穆先生《文化學大義》一書中曾分析，文化要素裡，中國較重政治、道德、文學、藝術，印度則偏重宗教、藝術、文學。〔註47〕據此可知，中印文化特質，除了文學藝術上有相似之處外，主要差別即在一是道德的，一是宗教的。

印度佛教興起之初是反傳統的，但亦依附傳統而發展；印度傳統早期普遍的信仰是薩滿教；吠陀神話說人的祖先無論是那一類型，總之都是神，人是神的子孫，都有梵書中的大梵天所具之神格神性，一切都是梵所創造。可見印度文化產生的背景是宗教性的。〔註48〕

相對於印度而言，中國文化特質可謂是人文的，雖然從民族宗教發展史上看，中國自殷即尚鬼，國之大事在祀與戎，但這與印度不同，印度向以咒術、魔術性祭祀爲本質，〔註49〕而中國的祭祀主要附屬於政治，天子諸侯雖祭天地社稷，卻未充分運用神權，所以中國政治只論「仁政」，不談「神政」，中國儒家倫理目標在仁，希聖希賢而非成神；同樣地，道家倫理亦在德，務爲眞人、至人，這些都可說明中國文化是人文性質，其特色是重人性、人格與現實。

中國既是重人文的文化，那麼從理論上而言，屬於人文精神的孝道，自然比屬於宗教性文化的印度更重視與推廣，而孝的地位也就超過印度的佛教。曾昭旭先生曾謂：

> 二千多年來的中國人，可說無論賢愚，都同熏育在這種禮教（指孝道）人文教之中，使其蘄向無限的情志得到確實的勗慰。因之，孝道雖畢竟不算是一種宗教，卻事實上取代了宗教而有安頓中國人身心性命的功用。〔註50〕

〔註47〕錢穆著《文化學大義》，頁51。
〔註48〕印度文化特質雖是宗教性，但李志夫在《中印佛學之研究比較》一書指出印度宗教不同於西方之宗教主要在於：一、印度的人神是血親關係，而非主僕關係。
〔註49〕水野弘元等著、許洋主譯《印度的佛教》，頁6。
〔註50〕曾昭旭著〈骨肉相親、志業相承——孝道觀念的發展〉，收於《中國文化新論思想篇》，頁213。

以孝道喻宗教，可見孝在中國社會文化裡散播出來的力量了。

　　言及孝道觀念，首先面對的即是人子對父母的孝思從何而來？也就是孝道的根源問題。中國文化以儒家爲主流，天人合一即爲儒家倫理與價值重心所在，天地乃萬物生化根源，如《易·序卦傳》謂，有天地然後有萬物，有萬物然後有男女、夫婦、子女，且父母地位至高無上，等同乾坤天地，《易·說卦》曰：「乾，天也，故稱呼父；坤，地也，故稱呼母。」復次，天地之大德曰生，人既繼承天之德，自然人之孝亦當效法天地爲本，《孝經·聖治章》云：

> 天地之性人爲貴，人之行莫大於孝，孝莫大於嚴父，嚴父莫大於配天。

可見從產生意義而論，孝乃人子上對父母的一種天性表現，對父母盡孝就是對天盡德，顯示的是報本反始的精神。

　　佛教經典中言及孝道者亦頗多，〔註51〕著名如《佛昇忉利天爲母說法經》、《六方禮經》、《大方便佛報恩經》等，惟佛教孝道思想與儒家不盡相同，差別處在於儒家以孝道爲不容置疑之人類天性流露，佛教則據後天經驗，由體認父母之深恩而生知恩報恩之思。

　　報恩係從因果觀念而來，說明一切有緣眾生，皆爲我過去或未來父母、親屬，既有德澤於我，理當飲水思源，故佛典中論孝之經文多不離報恩觀念，《本事經》即說：

> 父母於子，恩極深重，所謂產生，慈心乳哺，洗拭將養，令其長大。世尊告諸比丘，父母於子，有大增益。乳哺長養，供給種種資身家具，教示世間所有儀式，心常欲令離苦得樂，曾無暫捨，如影隨形，父母於子，既有如是所說深恩，當云何報？〔註52〕

可見子女行孝，主要出於父母之恩重當報，此是與儒家孝道觀差異所在。

〔註51〕有關言孝之佛經，據日本學者道端良秀統計，漢譯有佛昇忉利天爲母說法經、六方禮經、佛說父母恩難報經、四十二章經、佛說孝子經、大無量壽經、無量壽經、佛說睒子經、大方便佛報恩經、大乘本生心地觀經等，盡是針對父母的養育恩，闡明與子女間之情意，及敍述孝養的經典。另外，增一阿含經、地獄經、六度集經、涅槃經、雜寶藏經、未生怨經、毗曇經、正法念經、大般若經、舍利佛問經、父母恩難報經、佛觀三昧經、百喻經等，則都有強調父母恩偉大之說。參見道端良秀《佛教與儒家倫理》，頁29～38。

〔註52〕《大正藏》第十七冊，頁662。

2. 出家與行孝

由於儒釋在倫理孝道方面有種種不同之觀念，因此當沙門想依佛經戒律出家修行，以超越世間苦、空、無常、無我，俾能達到出世間涅槃境界時，引發衛道的儒家人士認爲是不孝之極。漢魏時針對佛教攻擊指出，出家剃髮被裟、捨親不娶、斷絕家嗣即爲不孝等等，牟子在〈理惑篇〉中對此現象皆有所反映並提出申辯。

（1）剃 髮

> 當時人問：孝經言：身體髮膚，受之父母，不敢毀傷；曾子臨沒：
> 啓予手，啓予足。今沙門剃頭，何其違聖人之語，不合孝子之道也？
> （第九問）

《孝經》開卷第一即闡明孝的第一條件是保護身體不損傷，不使雙親煩惱，謂之孝。這首先就與佛教相抵觸，因爲出家必需剃除鬚髮，已犯了《孝經》所說不孝的行爲。

牟子亦引《孝經》及孔子之語說，評論一個人孝與不孝要看精神實質，不能單從形式上認定是否違於身體髮膚之義。孔子曾言：「可與適道，未可與權」。〔註53〕所謂時宜施者，如《史記・周本紀》說，周祖先古公有三子太伯、虞仲、季歷，因古公有意立季歷爲嗣，以便最後傳位給姬昌（周文王），太伯與虞仲爲此逃到荊蠻，文身斷髮，讓位給季歷。按常理，文身斷髮與《孝經》的愛護身體髮膚教訓相違背，但孔子卻因爲他們退讓王位而稱讚他們，是故，牟子云：

> 苟有大德，不拘於小。沙門捐家財，棄妻子，不聽音，不視色，可
> 謂讓之至也，何違經言，不合孝乎？豫讓吞炭漆身，聶政皮面自刑，
> 伯姬蹈火，高行截容。君子爲勇而有義，不聞譏其自毀沒也。沙門
> 剃除鬚髮，而比之於四人，不亦遠乎？（第九問）

上述之人都是爲禮義道德而毀身殘形，牟子認爲，沙門爲修行而剃髮出家，比他們有意義，也是合乎儒家的至德要道。

（2）繼 嗣

不孝莫過於無後，而沙門卻棄妻子或終身不娶，亦是不孝的行爲，對於此點，時人質問道：

〔註53〕《論語・子罕篇》，意爲能行道者，未必能隨機應變地行道。

> 夫福莫逾於繼嗣，不孝莫過於無後，沙門棄妻子，捐財貨，或終身
> 不娶，何其違福孝之行也？（第十問）

牟子回答，妻子財物是過世俗生活所需要的，但「清躬無為」則是佛教妙義
之所在。老子不是說過嗎？「名與身孰親，身與貨孰多」？〔註54〕牟子又曰：

> 觀三代之遺風，覽乎儒墨之道術，誦詩書，修禮節，崇仁義，視清
> 潔，鄉人傳業，名譽洋溢，此中士所施行，恬淡者所不恤。（第十問）

以恬淡為志的人來說，致力於修行，更當重視生命精神，而不僅是財富榮譽。
其實，就連孔子也不是籠統反對人棄家出走的，例如：

> 許由棲巢木，夷齊餓首陽，舜孔稱其賢曰，求仁得仁者也，不聞譏
> 其無後無貨也。（第十問）

堯讓天下給許由，許由逃入深山；〔註55〕伯夷叔齊離國出走，為義不食周粟
而逃到首陽山餓死，對此，孔子稱他們是「求仁得仁」，〔註56〕而沒有譏諷他
們無嗣貧困，是以，沙門為修道而離開妻子家庭，放棄世俗享樂，也應是高
行亮節，非一般人所能比擬。

（3）敬　君

依據儒家的倫理觀，「孝」與「忠」往往是一體不可分割，《論語‧為政》
曰：

> 臨之以莊則敬，孝慈則忠。

孔子認為以孝慈之道化民，可以導致臣民忠順於君，換言之，孝順是忠君的
前提。孔子雖然很少談忠君，但他最早將忠、孝聯繫起來，卻具有不容忽視
的意義，後世常以忠孝連用，或可看作是對孔子觀點的發揚。君臣關係既猶
如父子，君主即擁有極尊貴的權威，上尊下卑，不得逾越，因此，當臣子謁
見國君時，需行跪拜之禮，以示尊崇。

然而，來自印度的佛教，卻沒有這樣意義的「孝」與「忠」。印度的婆羅
門教，以其宗教的影響力，建立起婆羅門、剎帝利、吠舍、首陀羅等四姓階
級；婆羅門教的傳教師——婆羅門，在四姓中地位最高，在這種倫理觀之下，
傳教師比起統治全民的帝王階級——剎帝利，還要高超，傳教師自無向帝王

〔註54〕 《老子》四十四章。
〔註55〕 《莊子‧逍遙遊》。
〔註56〕 《史記》卷六十一〈伯夷列傳〉、《論語‧述而篇》。

行禮的道理。〔註57〕

　　佛教雖然有別於婆羅門教，但在傳教師與帝王之間的倫理上，二教卻採取一致的立場。佛經中描寫帝王和僧人之間的關係時，都是帝王向僧人行禮，沒有僧人向帝王行禮的記載，例如《中阿含經》卷十一〈王相應品〉，寫頻鞞婆邏王面見釋迦佛的情形：

　　　　於是，摩竭陀王頻鞞婆邏……步進詣佛，到已作禮，三自稱名姓已，
　　　　爲佛作禮。〔註58〕

正因爲印度和中國倫理觀的不同，因此，佛教初傳的時候，一些儒家人士站在傳統的立場，批評佛教沙門，不向雙親、君主禮拜，以致違背了忠、孝倫理。牟子〈理惑論〉有載：

　　　　今沙門剃頭髮，披赤布，見人無跪起之禮……。（第十一問）

　　　　不敬其親而敬他人者，謂之悖禮。不愛其親而愛他人者，謂之悖德，
　　　　須大拏不孝不仁，而佛家尊之。（第十五問）

雖然〈理惑論〉上述兩則文字簡略，無法詳其內容何指？但從常理應可確知，其「跪起」、「敬親」之對象，應不外是父母與國君。對此禮敬問題，牟子引用老子的道德觀作答：

　　　　老子云，上德不德，是以有德，下德不失德，是以無德……。（第十
　　　　一問）

又曰：

　　　　苟見其大，不拘於小，大人豈拘常也？……至於成佛，父母兄弟皆
　　　　得度世，是不爲孝，是不爲仁，孰爲仁孝哉？（第十五問）

牟子認爲佛家見大，儒家拘小，道德的實踐，不應只是死守形式，拘泥於世俗之見，如果依佛教教義而行，不僅能使自己離苦得樂，也可度化父母兄弟，使他們得到好報，這才是眞正的仁孝，也才符合道家儒家的倫理目標。

　　以上有關剃髮、繼嗣、禮敬等問題，多是從儒家禮儀及中國傳統習俗所提出來的，在以後佛教廣泛流行，儒家反對佛教時，也常常出現此類質疑。綜觀牟子的回答論述方式，多爲列舉中國諸子經傳，一一引證說明，然其內容未必含藏深刻義理，其目地不外減少當時人對佛教的排斥，並進而使人信服，俾使佛教順利傳入。

〔註57〕楊惠南《佛教思想發展史論》，頁 259～261。
〔註58〕《大正藏》第一冊，頁 497。

第四節　漢魏佛教：哲學方面的中國化

　　佛教自西元一世紀從印度傳到中國，先是混跡漢代方術，復又攀緣魏晉玄學，張大勢力，逮至南北朝，逐漸走上了獨立發展道路。其間，中國信仰佛教的學者創建了一些具有中國特色的哲學思想理論，其中之一就是「形神論」，〔註59〕由於形神問題牽涉錯綜複雜，歷來討論篇籍已夥，故本文不擬全面論述，僅擇隋唐前，中國佛教形神論與印度佛教及中國傳統有關之形神論加以比較，以見其聯繫與差別，同時亦兼述收入《弘明集》中屬漢魏範圍之篇章，如桓譚《新論・形神》與牟子〈理惑論〉，以分析說明中國佛教早期形神論之特點。

一、中印對形體靈魂看法

　　關於「形」（即形體、身體）與「神」（即心、精神）之間的關係問題，在我國古代一直爭論不休，而印度古代由於研究人生問題的角度不同，思維方式不同，將形和神作一專門範疇加以論述的並不多。〔註60〕初傳的漢譯佛經也很少涉及這個問題，印度佛典中比較接近形神論的是「五蘊」（或譯為五陰）。

　　蘊乃積聚之意，「五蘊」是指色、受、想、行、識；依其性質可分成兩大類：色蘊為一類，受、想、行、識蘊為一類。前者是人的身體、器官，也屬於肉體物質範圍，後者表示感覺思維逐步深化的幾個階段，相當於精神。由於色蘊中包括人的形體，因此也算有一個中國古代所討論的形神問題，但在初傳的佛典中往往並不研究五陰中色蘊與其他四蘊的相互關係，而是將五蘊並列起來，分別對每一蘊進行考察分析，有的還把色受想行四蘊歸為一類，把識蘊歸為另一類（如《成實論》），這樣，形體與心理，物質與精神都混在一起，不是嚴格意義上的形神關係。

〔註59〕方立天《中國哲學研究》，頁225謂：形神問題是本體論的重要內容，所以，形神問題是哲學上的重大問題。至於形神問題在宗教學和自然科學，如生物學、生理學、心理學等領域的重要地位，更是人所共知。

〔註60〕印度雖無如同中國之形神對立，但精靈的信仰幾乎散見世界各原始文化，印度上古時代也有靈魂的描述，多出自民間宗教，這些文化並未具備哲學性；其後，佛教產生前，社會上也出現靈魂學說，最常見的有靈魂常在與靈魂斷滅說，不過這些說法都在佛教興起後遭到駁斥。詳見巴宙著、許洋主譯〈中國佛教內關於靈魂不滅的爭論〉，收於《一九七八年佛學研究論文集》，頁164～203。

　　「五蘊」說早在東漢末年安世高譯《陰持入經》時即傳入中土，不過這對一般中國人比較陌生，不易普遍接受，所以儘管中國佛學家早就接觸了五蘊之說，但在宣說神靈不滅時，寧願採用中國傳統意義，不喜從五陰角度來討論，正因如此，中國佛教與印度佛教對形體靈魂的看法遂非一致。其間差異處，可歸納爲下面三點：

1. 無我與有我

　　印度佛教除了小乘犢子部以外，一般都持「無我說」，〔註61〕中國早期佛教則多持「有我說」。鳩摩羅什所譯的《成實論》卷三〈有我無我品〉說：「五陰和合，假名爲我，非實也有。」〔註62〕意即人是五陰和合而成，本身沒有恆常不變自主的實體，因此虛幻不實，只爲順應世俗，才施設一個假名「我」，這也是大小乘都承認的無我、人空理論。然而如此一來，又會產生新的問題：沒有「我」，沒有一個實在的人體，那麼佛教所說的作善惡業、受善惡果的是誰？流轉於生死之中的是誰？超越塵世進入涅槃的又是誰？對於這些問題，原始佛教只加以迴避，犢子部爲了解決這些疑問，主張「有我」（梵文音譯指補特伽羅），但在部派佛教及後來的大乘教中，持此說的僅此一家，其他各派爲了說明諸法（指事物和現象）所依的主體，提出過不同的術語，如上座部的「有分識」，化地部的「窮生死蘊」，大眾部的「根本識」，〔註63〕不過他們還是否定人體是眞實的，在理論上同聲反對「有我」。

　　中國佛教的情形就不同。很多人是持有我之說，如牟子〈理惑論〉中曰：

　　魂神固不滅矣，但身自朽爛耳。身譬如五穀之根葉，魂神如五穀之
　　種實：根葉生必當死，種實豈有終亡？（第十二問）

這裡把人身說成五穀之根葉，雖然根葉會爛，但它畢竟是眞實的、非虛幻的，以此作喻，實際上也是肯定形體的實有。

　　印度佛教之所以沒有把形和神作爲對立面加以研究，其奧祕就在於這樣會

〔註61〕由上座部分裂出的各小乘部派，多主張「我空法有」，唯犢子部倡「我法俱有」，即我與法皆爲實有。「諸法無我」本是原始佛教三法印之一，說明宇宙一切事物，包括人的生命存在，都是沒有我的自性自體，小乘除了犢子部外，雖然認同諸法無我之理，卻主張「法體恆有」，指稱客觀世界的事物雖有變化，但每種事物背景仍有其不變化、不消失、恆常存在的法體。參見吳汝鈞《印度佛學的現代詮釋》，頁46〜51。
〔註62〕《大正藏》第三十二冊，頁260。
〔註63〕三派「我」之異說，參見任繼愈、杜繼文等編之《佛教史》，頁42。

導致對形體落到實在性的承認，故寧願不談，而中國佛教將形和神當作一對命題範疇加以分析時，本身已或多或少地肯定了有「形體」這個東西。〔註64〕

又如〈理惑論〉中，牟子引老子言：「吾所以有大患，以吾有身也，若吾無身，又有何患」（第十二問），依照文意來看，牟子將老子的「無身」等觀於佛教的「無我」義，這與佛教從人是因緣和合而生故無實體這一意義上來談「無我」是迥然不同的。

2. 識空與識不空

印度佛教多持「識空」說，而中國佛教則講「識不空」。

印度小乘教主張的「人無我」，到大乘時進一步講「法無我」，從人身是空無自性，進而說五陰本身也是空。唯識宗的「三界唯心」、「萬法唯識」，把「識」抬得最高，「識」分成八類，最高的第八識阿賴耶識雖屬於「心法」而「心法」和「心所法」、「色法」、「心不相應法」等，都從屬於「有為法」，有為法皆是「生滅之法」，有生即有滅，有而識神非常住不滅。〔註65〕

中國佛教持識神不空義者很多，包括魏晉時的般若學、南朝的涅槃佛性學，譬如《中論疏記》卷三記載般若學六家七宗之一的幻化宗說：

> 一切諸法，皆同幻化，同幻化故名為世諦。心神猶真不空，是第一
>
> 義。若神復空，教何所施，誰修道隔凡成聖？故知神不空。〔註66〕

從識神性不空立言，主因是把識神當作了靈魂代名詞，若承認識神性空就表示承認靈魂會滅，故持不贊成態度。

3. 魂滅與魂不滅

印度原始佛教對人死後靈魂滅與不滅，沒有明言，中國佛教人士則肯定靈魂不滅。

《長阿含經》第三分《布吒婆樓經》載，修行者向釋迦牟尼請教社會上議論的一些問題，如「世間是常還是無常」、「世界有邊還是無邊」、「靈魂與身是一還是異」等等，釋迦回答說「我所不記」，〔註67〕就是不作斷語之意。理由是這些問題與佛教的修行、解脫沒有直接關係，故無須談論，這也就同

〔註64〕陳士強〈中國早期佛教形神論與其他形神論之比較研究〉，收入《中國哲學史研究》1984年第四期。

〔註65〕見《大乘百法明門論解》，《大正藏》第四十四冊，頁46～51。

〔註66〕《大正藏》第六十五冊，頁95。

〔註67〕《大正藏》第一冊，頁111。

時避免了對「命」（靈魂）與「身」之間關係的表態；以後的《成實論》甚至把「神與身是一」、「神與身是異」斥爲斷見、常見。而中國佛教則一直主張靈魂不滅的說法，如前引牟子〈理惑論〉第十二問。

至於中國形神問題的形成發展如何？其主張內容又爲何？由於形神問題起源相當久遠，﹝註68﹞本文不擬加以探討，僅就先秦至南北朝，分成神滅論（形）與神不滅論（神），述其兩者演進類型和重要論點。

二、中國神滅論發展類型

1. 形神爲對等關係

戰國稷下學派宋銒、尹文的說法具有開創性，奠定神滅論的理論基礎，宋、尹的思想保存在《管子》一書的〈內業〉、〈心術〉、〈白心〉數篇，他們認爲：「凡人之生也，天出其精，地出其形，合此以爲人。合乃生，不合不生。」（見〈內業篇〉）意生是形與神（精）的結合，死是形與神的分離，所言是形神合而非形神一體。後期墨家指出生命有兩個要素：「生，刑（形）與知處也」，﹝註69﹞即形體與知覺。至西漢揚雄謂：「有生者必有死，有死者必有終，自然之道也。」﹝註70﹞有生必有死，這是有神無神論者都承認的，不過此一類型沒有指出形與神何者是第一性、是根本？同時，他們往往把形體精神視作一種氣，有精有粗；氣本有聚散，但又主張可以不滅，如此極易導致精神不滅的理論。

2. 形神爲主從關係

上一類型只將形神加以並列，這裡則進一步點出形具才能神生、形死必致神滅，明確了形體是精神賴以存在的基礎，並且用燭火之喻來象徵精神需依附形體才能發生作用的原理。如《荀子・天論》：「形具而神生，好惡喜怒哀樂臧焉」；此外，東漢初年的桓譚，在無神論史上佔有重要地位，《弘明集》卷五收錄他的《新論・形神》﹝註71﹞是古來首篇闡述形神關係之專題論文，

﹝註68﹞ 牟鍾鑒在〈對中國歷史上形神問題的簡要回顧與評論〉一文裡指出，我國至少從西周起就有無神觀出現，而有神觀念當更早萌芽，可溯源於原始時代。但形神觀念成爲一種思想論見則至於戰國中期，見《世界宗教研究》1980 年第一期。

﹝註69﹞ 《墨經・經上》。

﹝註70﹞ 《法言・君子》。

﹝註71﹞ 《大正藏》五十二冊，頁 29。

從此，「形神」就從一般哲學問題中分化出來，成為一個相對獨立的理論課題，使它在哲學範疇的地位更加凸出。

桓譚很具體的把形體與精神比喻成蠟燭同火燄的關係：

> 言精神居形體，猶火之然燭矣，如善扶持，隨火而側之，可毋滅而竟燭。燭無，火亦不能獨行於虛空，又不能後然其炧。炧猶人之耆老，齒墮髮白，肌肉枯腊，而精神弗能為之潤澤。內外周遍則氣索而死，如火燭之俱盡矣。人之遭邪傷病，而不遇供養良醫者，或強死，死則肌肉筋骨常若火之傾刺風而不獲救護，亦道滅，則膚餘幹長焉。〔註72〕

以蠟燭喻形，燭火是神，蠟燭需點燃方有燭火，燭火是不能離開蠟燭的；火靠燭而燃，神憑形而存，神隨形死而滅，猶如火隨燭盡而息。形與神的關係，已不是「氣」的精粗分別，而是物質（燭）和它的能量（光和熱）之間的關係，強調了精神對形體的依賴性。桓譚自燭火上同時得到啟發，提出積極養生之道，認為燭如善加扶持，燄可燃至燭盡，人體如善於保養，亦可避免早夭而延年益壽，可見夭壽並非命定。

不過，桓譚的形神論仍有矛盾未盡圓融之處，一是燭、火皆同屬物質，這樣就不能把神看作只是形（人體）的一種作用、性質，因此也就不能從理論上根本證明神必須依賴形，形亡神滅的道理。〔註73〕其次，燭與火仍然可以被分開，主張神不滅者，反可藉口異燭傳火來論證神不滅論，如東晉慧遠即是（詳見下章），因此，桓譚的形神觀顯有漏洞。

3. 形神為質用關係

此類主張精神不是物，只是形體的屬性和作用，齊梁時的范縝明白指出：「形者神之質，神者形之用，是則形稱其質，神言其用，形之與神，不得相異」，〔註74〕他還用刃利之喻來說明形神之間的質用關係（詳見第六章），這種說法無論在當時還是以後都較少見，也是神滅論所達到的最高點。

神滅論雖然在表述上意見不一，但有一個共同特點，即用形體與精神不可分離性、用精神對形體的依賴性，去論證精神不能脫離形體而獨立存在。至於中國佛教神不滅論則相反，他們的理論核心是形神可以分離，精神在離

〔註72〕同註73。
〔註73〕董俊彥《桓子新論研究》，頁153。
〔註74〕范縝〈神滅論〉，收於《弘明集》卷九，見《大正藏》五十二冊，頁55。

開形體後，照常能夠存在。

三、中國神不滅論主要論點

　　中國傳統的有神觀念源遠流長，但與「形」結合並從理論上闡述其間互動關係之進程，卻不如無神論發展類型明確。大體而言，敬事鬼神與祖先祭祀是上古有神信仰核心，〔註75〕後來莊子對於形神關係說過：「精神生於道，形本生於精，而萬物以形相生」，〔註76〕「道」是最根本的，由它產生精神，再由精神生出形體。雖然莊子此言有形神一元論傾向，不過他的意思顯然認為精神可以不依賴形體。另外，儒家孔子，一般多視其為無神論者，因為孔子重人事，對鬼神敬而遠之，但他也說過：「獲罪於天，無所禱也」，〔註77〕何況孔子繼承殷周以來敬天法祖的天命觀，本身就包含祈求神靈庇佑意思，因此，嚴格說來，孔子對有神無神應是抱持著折衷模棱的態度，此種態度對後來儒家學者影響很大。成就戰國及秦漢之際的《易傳》、《禮記》，即提出正統儒家最早的形神觀，《禮記・檀弓》記載吳季札的話：「骨肉歸復于土，命也。若魂氣則無不之也」。意指人的形體（骨肉）死後歸到大地，靈魂（魂氣）則游離出來到處飄蕩，可見形神非一體而可分離。

　　魯迅《中國小說史略》曾言：「中國本信巫，秦漢以來，神仙之說盛行，漢末又大暢巫風，而鬼道愈熾；會小乘佛教傳入中土，漸見流傳，凡此，皆張皇鬼神，稱道靈異。」知東漢佛教傳入後，有神論者流行的思潮由形神二元演變成死後為鬼，這在牟子〈理惑論〉可見一斑：

> 問曰：佛道言，人死當復更生，僕不信此之審也。牟子曰：人臨死，其家上屋呼之。死已復呼誰？或曰：呼其魂魄。牟子曰：神還則生，不還神何之呼？曰：成鬼神。牟子曰：是也，魂神固不滅矣，但身自朽爛耳（第十二問）

此段敘述說明人身死後神為鬼，且靈魂永存。

　　南北朝時，形神論延續做進一步發展，神不滅思想空前泛濫，與神滅論成為整個時代思想論爭焦點，其內容多保存在《弘明集》裡。

〔註75〕　《禮記・表記》：「夏道尊命，事鬼敬神而遠之⋯⋯殷人尊神率民以事神，先鬼而後禮⋯⋯周人尊禮尚施，事鬼敬神而遠之⋯⋯。」這段話說明三代宗教觀念和制度承襲是夏代信天命，殷代尚鬼神，周代重尊祖。

〔註76〕　《莊子・知北遊》。

〔註77〕　《論語・八佾》。

　　綜合先秦以來有神論發展內容，可歸納出其論據主要是：第一，形神二元。第二，形盡神存、形殘神全。〔註 78〕事實上，無神論和有神論的分水嶺不在於爭辯是否承認有神，而在於神是否依賴形而存在，以及形亡後神是否仍存在。〔註 79〕

四、中國佛教神不滅論與傳統有神論之區別

　　中國佛教形神論可說是古代傳統有神論的繼承者，〔註 80〕而自漢魏後，主張有神論者多為佛教信仰者；由於佛教有神論吸收了傳統關於人死靈魂化為鬼神之說的論點，因此不易在這兩家之間畫出一條界線，概括而言，傳統有神論具有中國固有的觀念形態，而中國佛教對形神問題的看法，則兼有印度佛教的影子，本文據〈理惑論〉及相關文獻，試述二者區別所在。

　　區別之一：傳統有神論往往從魂魄的角度談神不滅義，中國佛教則從佛性法身的角度談神不滅。

　　中國傳統世俗從魂魄合離去看待生死問題，是自古以來代代相襲的說法，譬如《左傳》昭公七年，載子產答趙景子關於伯有能否變鬼的問題時，持的就是這種見解。此外古代流行招魂術，如《楚辭》有〈招魂〉；前引牟子〈理惑論〉之文，也是一種人死後叫魂回來的習俗，靈魂若聽到呼喚回來，就可再生為人，否則變鬼。後來東晉、南朝以後中國佛教漸漸借用法身、佛性之類的佛教術語表述精神不滅理論，像《弘明集》卷三，宗炳〈答何衡陽書難白黑論〉中有：「精神極則超形獨存，無形而神存，法身常住之謂也」，〔註 81〕這裡法身似又有精神性本體意味，這與漢末三國牟子時代有很大差異。牟子在〈理惑論〉中雖頻為佛教的理論與實踐作辯護，但他對神不滅的看法，顯然深受傳統俗化影響，這是時代環境使然，亦可視為早期中國佛教特質。

　　區別之二：中國佛教有三世業報之說，而傳統有神論無之。

　　佛教把人的身、口、意一切言行思想稱為「業」，一個人生前業的善惡決定他死後的輪迴，業一旦產生就不會自行消失，一定要受到報應才算完結，

〔註78〕除形神二元、形盡神存外，有神論者尚提出形體不可變而精神可變以及形神可分可合，詳見《弘明集》卷二宗炳〈明佛論〉、卷九蕭琛〈難神滅論〉曹思文〈難范中書神滅論〉。

〔註79〕方立天《中國哲學研究》，頁 235。

〔註80〕同註 65。

〔註81〕《大正藏》五十二冊，頁 21。

且在因果業報說中，業的特點之一是造作者與接受者一致，不能互相轉嫁。

　　中國的傳統觀念與佛教不同。中國自古以來雖早已有靈魂不滅思想，卻不認爲人死之後靈魂會根據生前的善惡行爲而輪迴轉生。一般說來，古代傳統的有神論認爲鬼神只能賞善罰惡，這樣，作善做惡的是人，執掌賞罰大權的則是神，造作者與接受者之間插進了第三者，如《易傳・文言》上說：「積善之家必有餘慶，積不善之家必有餘殃。」積善惡的是祖先，受慶殃的卻成了子孫，作者與受者完全不同，這與佛教「自作自受」的說法是大異其趣。佛教這種思想進入中國後，曾受到人們非難，〈理惑論〉中也有所反映：

> 或曰：爲道亦死，不爲道亦死，有何異乎？牟子曰：所謂無一日之善而問終身之譽者也。有道雖死，神歸福堂，爲惡既死，神當其殃。（第十二問）

牟子在這裡雖也用民間世俗的善惡信仰來答覆問者對死後來生的質難，不過，顯然牟子已了解一些因果業報理論，只是沒有作進一步具體論證。

小　結

　　本章所涉及之論題已如上述，這些問題大多也是後來兩晉南北朝以後爭論的範圍，如白黑之爭、夷夏之爭、神滅之爭、沙門敬王之爭，在〈理惑論〉均可見其雛型。

　　〈理惑論〉形式是採賓主問答體裁，設問者代表受過儒家思想洗禮的社會人士，而回答者牟子，則是精通儒家經傳，博覽諸子百家之書，最後又篤信佛教的知識分子，因此，〈理惑論〉實際是從兩個方面反映當時人們對佛教的理解。

　　牟子奉佛後雖知「佛經深妙靡麗」（第二十問），然而，舉凡有關佛教爭議性問題時，卻很少以佛經內容回答，反多引中國詩書經傳爲之解惑。〔註82〕牟子對於這種應答方式曾自我解釋：

> 道爲智者設，辯爲達者通，書爲曉者傳，事爲見者明。吾以子知其意故引其事，若說佛經之語，談無爲之要，譬對盲者說五色，爲聾

〔註82〕牟子〈理惑論〉引證的理論與典故，大量使用了《老子》、《論語》、《孝經》、《左傳》、《國語》、《莊子》、《荀子》、《淮南子》、《韓非子》、《呂式春秋》、《禮記》、《史記》、《列先傳》、《列女傳》以及緯書《春秋元命苞》等，幾乎囊括先秦所有諸子經傳。參見周叔迦〈牟子叢殘〉，收於現代佛教學術叢刊第十一冊。

者說五音也。師曠雖巧，不能彈無絃之琴；狐貉雖熅，不能熱無氣之人。公明儀爲牛彈清角之操，伏食如故，非牛不聞，不合其耳矣，轉爲蚊虻之聲、孤犢之鳴，即掉尾奮耳，蹀躞而聽，是以詩書理子耳。（第二十六問）

這樣的說法，反映了時代特點。佛教傳入初期，一般人對佛教教義未能詳聞，此時直接宣講佛經佛理，牟子認爲就會如同對牛彈琴，人們無法了悟，收不到效果，因此不得不借助中國傳統的學術、語言、宗教。牟子這種「引詩書，合異爲同」的方法，實際上就是最初期的「格義」，〔註83〕即用固有的傳統思想型態爲基礎，以比擬的方式，合兩個原本不同的思想爲同，目的在使人易於接受而不產生排斥。

牟子在格義的方式下，面對儒、釋、道三家所持之態度，從本文前述內容看來，牟子認爲佛教和道家思想是一致，因此常常引證老子解佛；至於佛教與儒家，雖有若干顯著不同，但是「渴不必待江河，而飲井泉之水何所不飽」（第二十問），佛雖至高，不過，儒也合道，於是尋兩者相類之處，以闡明儒佛不相違。牟子的態度在史學家看來，是一種外來宗教進入新土地紮根傳播不得不耳，以爭取大眾支持，不過，任繼愈先生也指出：

牟子的許多比附是十分牽強的，是不符合印度佛教原義的，但是，佛教正是經過這樣無數的被「歪曲」和改造才最後發展成爲中國的佛教。〔註84〕

總之，牟子〈理惑論〉反映了佛教初傳中國時，一般人對佛教的理解，對研究中國佛教的形成和發展具有典範價值。

〔註83〕「格義」一詞正式出現在西晉，《高僧傳·卷四·竺法雅傳》曾解釋其意義及其形成的原因，即所謂「以經中事數，擬配外書，爲生解之例，謂之格義」，也就是一種用儒道二家（尤其是道家）之固有術語或概念，來解釋佛經的學風。

〔註84〕任繼愈《中國佛教史》第一卷，頁202。

第五章　兩晉佛教中國化之轉折

　　中國文化史上，兩晉是胡、漢民族與新、舊文化的正式對壘時代。五胡十六國之亂，形成政治上的對決，而此處所謂的新文化，是指經由西域傳來的印度佛教文化，舊文化乃是中國固有的儒、道兩大系統文化，易言之，佛教與儒、道二教接觸，並在消化爲中國佛教過程中，將衝突搬上檯面，是此期文化最大特質所在（本文第四章言佛教在漢魏亦曾受到抨擊乃社會泛議，不若兩晉尖銳），如無兩晉時代（尤其是東晉）之對立、爭論、化解，即無往後南朝、隋唐中國佛教之成熟，因此，對此期佛與儒、道之研究極爲重要。不過，兩晉三教四學〔註1〕的拉鋸戰，仍屬開端階段。本文論題所見人物主要是依據《弘明集》，以慧遠爲佛教代表，在反佛陣營中，代表者是儒家衛道人士，道教徒則未作面對面的直接參與。

第一節　兩晉佛教特質

一、義理化的佛教

1. 教外政治的催化

　　本文前章述及漢魏佛教同黃老道術結合，故在相當長的一個時期，中國社會除視其爲夷人之教外，幾未認同其是一獨立的宗教，不過，浮屠與黃老並祀的結果是佛教受到了政教間緊張關係的波及。

〔註1〕三教指儒、釋、道，四學是經學、佛教、仙學、玄學。見任繼愈編《中國哲學發展史‧魏晉南北朝》，頁840。

曹魏統治者向以禁絕民間信仰著稱，例如漢靈帝光和末年，曹操任濟南相時，即「禁斷淫祀」，〔註2〕破毀民間祠壇六百餘座，並嚴令「止絕官吏民不得祠祀」、「及至秉政，遂除姦邪鬼神之事，世之淫祀由此遂絕」。〔註3〕魏文帝崇儒，黃初五人（225）詔禁淫祀：「自今，其敢設非祀之祭，巫祝之言，皆以執左道論，著於令典」。〔註4〕明帝青龍元年（233）亦詔：「諸郡國山川不在祠典者勿祠」。〔註5〕

曹魏禁淫祀、排左道，不僅是為了維護傳統禮制，更是有鑒於民間宗教在漢末大亂中所起的煽動與組織民眾的作用，〔註6〕故其禁斷主要基於政治的考量。不過，這些禁斷無形中也包括佛教（尤其是祠祀）在內，這是因為崇奉儒、法的曹魏認為，一切不在祀典之內而有損王朝權威的民間神祠皆在禁止之列，尤其是可能以失控方式發展起來的民間宗教活動，更要嚴重防範。

非唯曹魏，孫吳亦然。孫綝專權時即曾「壞浮屠祠，斬道人」，〔註7〕此外，佛教史籍《釋迦方志》則稱「吳後主孫皓虐政，廢棄淫祀，佛寺相從，亦同廢限」；〔註8〕直至西晉，官方亦屢禁淫祀，並制有嚴科，「不許中國之人，輒行髡髮之事」；〔註9〕《法苑珠林》卷二十八引《冥祥記》亦稱「太康中，禁晉人作沙門」。

三國西晉禁斷淫祀，從表面看似乎是對佛、道的一種限制、打擊，但從另一角度觀之，也算是對其發展的一種推動，因為禁絕所造成的精神真空，使秦漢以來甚囂塵上的淫祀漸趨沉寂，從而促成佛、道分離，迫使其擺脫民間方術宗教性質，轉而趨向教理建設，進入改革時期，正是這一改革，揭開了佛教發展的新篇，從此佛教不但與方術祠祀分家、暫時紓緩與王權之間的

〔註2〕《三國志·魏書·武帝紀》。
〔註3〕《三國志·魏書·武帝紀》裴松之注。
〔註4〕《三國志·魏書·文帝紀》。
〔註5〕《三國志·魏書·明帝紀》。
〔註6〕東漢順帝時，張陵始創五斗米教，至其孫張魯時教會組織完備，在四川省至陝西省南部掀起宗教性結社活動。後漢靈帝時，張角創太平道，至黃巾起義時得到發展。這些組織在漢末動蕩社會中興農民起義相聯繫，以黃老之術與民間巫術為號召，很快席捲全國，動搖了王權統治。
〔註7〕《三國志·吳書·孫綝傳》。
〔註8〕《釋迦方志·通局篇》，收於《大正藏》五十一冊，頁971。
〔註9〕《舊唐書·卷七十九·傅奕傳》。

緊張，亦結束了發展艱難的初傳時期，步上獨立興盛的歷史新階。

2. 教內研發的轉向

　　如果說官方的禁令為佛教提供了變革的契機，那麼佛教本身的經典傳譯、詮釋則使佛教邁向義理化途徑。

　　佛教中國化進程，有一個重要轉折點，也就是大乘思想的流行。本來佛經漢譯之初，大小乘並行，然其影響卻以安世高所傳之小乘為先；由支讖所譯的般若大乘經，提倡方便勝智，可以彌縫為墨守三法印的小乘堅執的出世思想鴻溝，在理論上為佛教人間社會化首開方便修習之門。大乘般若經雖早在漢末譯出，〔註10〕但因未逢其時，故初期影響較微，至晉，般若經已有多種譯本，〔註11〕漢地佛教在經過佛經口傳期以及禁教政令後，自然產生由注重形式到注重義理的轉變。

　　中國佛教義理的研究，以般若經為大宗，此在曹魏時即已開始，〔註12〕其後在玄學風行下，於兩晉出現流行高潮，這從《高僧傳‧義解篇》均始自西晉可見其盛況。〔註13〕「般若」是梵文，其意譯為「智慧」，般若經典內把般若智慧凌於佛、法、僧三寶之上，用這種特殊的般若智慧，可以引導一切眾生成佛；般若智慧既如此重要，般若義理自然成為晉人熱烈研求對象，《弘明集》所收晉人論文中直接或間接提到人物如支遁、道安、慧遠、郗超等，皆屬般若學六家七宗名家，他們或傳寫、或講述、或注疏、對般若空義發抒己見，種種的思考與闡揚，不但奠定中國般若學基礎，更標誌著中國佛教開始邁向義理的探討與體系的建立，而其方法與內容貼近中國文化的特質，也進一步推動了佛教中國化進程，展現中國佛教思想體系裡一段完整形成過程。

〔註10〕支婁迦讖於後漢桓帝末年抵洛陽，於靈帝光和、中平年間翻譯《道行般若經》、《般若三昧經》，是般若經最早的譯本。事見《高僧傳‧卷一‧支婁迦讖傳》，《大正藏》五十冊，頁324。

〔註11〕湯用彤《漢魏兩晉南北朝佛教史》第七章〈兩晉之際名僧與名士〉中謂，般若經之翻譯，漢晉最多。最早為朱士行得梵本，譯出《放光般若經》；西晉竺法護譯出《光讚般若經》，又譯《小品般若經》；衛士度有《摩訶般若波羅蜜道行經》二卷；東晉道安時期有《般若經抄》。

〔註12〕朱士行以魏‧甘露五年出塞，西至于闐，寫得般若善本九十章，稱《放光般若經》，事見《出三藏記集‧卷七‧放光經記》，《大正藏》五十五冊，頁47。

〔註13〕慧皎《高僧傳》在後漢至魏之間，只有譯經僧傳記，沒有義解僧，及至西晉，才提到許多研究般若經的義解僧。

二、玄學化的佛教

有關本節所牽涉到的問題如清談、格義、佛學玄化、玄學佛化、玄佛合流等，前賢所撰文籍已如過江之鯽，是以，本節欲略人所詳不再重覆，僅就值得再商榷及議論處加以陳述。

1. 歷史發展之必然性

或有學者認爲中國般若學的繁興是佛教依附迎合玄學的結果，如任繼愈先生所言：「晉、南北朝時期的佛教，屬於玄學融合時期，它依附於玄學，並在依附的情形下逐漸得到滋長」〔註 14〕事實上，佛與玄兩者有類同、差異及互相影響之處已勿庸置疑，但是任繼愈等人說法，易予人誤導，忽視了般若學自身歷史發展的必然因素。

般若經雖早自漢末即有譯本，然礙於當時傳譯者佛學之素養及般若思想本身之艱奧，難以掌握其精蘊，以致譯本支離失眞，信佛讀者不能全面系統地洞悉整個天竺般若空義體系及其發展脈絡，而後恰逢玄風熾盛於晉代，據史傳記載，此期般若學者，大多博綜六經，尤通流行的老莊玄學（如《弘明集》中之道安、慧遠、支遁、郗超、道恆等人），遂不免借助玄學一窺般若理論並依各自解析示人，形成六家七宗之別，也就是一般所謂的「格義佛教」。這種情形直到鳩摩羅什重譯、新譯了大量般若經論，人們才對印度大乘眞空學說面貌有較清楚正確認識。

羅什弟子僧叡曾批判此期般若學曰：「格義迂而乖本，六家偏而不即。」〔註 15〕可知六家七宗並未徹底透析般若本義、達到佛教般若學高度，因此佛學本身也沒能因爲借助玄學而受到闡明。至於以玄解佛則是佛教傳播過程中必經階段，也是正史發展情況使然，並非晉代佛子曲意依附玄學結果。〔註 16〕

〔註 14〕 任繼愈《中國佛教史・序》，頁 12。另外許抗生《三國兩晉玄佛道簡論》，頁 172 亦云：「……在盛極一時的玄學思潮影響下，佛教徒們就用玄學的思想來解釋佛教的般若空學，從而使得大乘空宗的思想得以廣泛傳播。這是佛教哲學思想所以能在晉代始盛的一個極其重要的思想原因。」
〔註 15〕 僧叡〈毗摩羅詰提經義疏序〉，見《出三藏記集》卷八，《大正藏》五十五冊，頁 58。
〔註 16〕 洪修平〈也談兩晉時代的玄佛合流問題〉亦指出：「如果把六家七宗的般若學等同於玄學或者僅僅看作是玄學對佛學的解釋，忽視般若學自身相對獨立的發展，那就很難解釋般若學發展到僧肇時能一下子擺脫玄學，建立起相對獨立的較爲完整的佛教哲學體系。」該文收於《中國哲學史研究》1987 年第二期。

2. 中印思維之差異性

　　兩晉名僧名士以老莊釋般若，不僅與玄學流行有關，也和中國傳統思維有關，正如呂澂先生所言：「印度人認識事物，都從現量、比量去看，亦即從假說與離言兩方面去看，這是中國人不習慣的」，〔註17〕舉例而言，東晉郗超〈奉法要〉對佛教「無我」義，解爲「非身」，並云：

　　　　神無常宅，遷化靡停，謂之非身。〔註18〕

這裡「非身」是指沒有形體之身，卻有神我存在，形體之身只是神的暫時住宅，形體肉身會滅而神則不滅，可「遷化靡停」。郗超欲以此意說明神不滅思想。

　　郗超引用「非身」之語，固是受到最初譯經影響，〔註19〕但也可看出中國人僅將「非身」視爲肉體的消失，未包括無形靈魂精神在內的思維，與佛教本來無我義實指諸法皆空（不只肉體由因緣和合而生，自身精神也無永恆主宰）差距甚大。後來慧遠又援引道家思想進一步發揮郗超神不滅：

　　　　莊子發玄音于大宗曰，大塊勞我以生，息我以死。又以生爲人羈，
　　　　死爲反眞，此所謂知生爲大患，以無生爲反本者也。文子稱黃帝之
　　　　言曰，形有靡而神不化，以不化乘化，其變無窮。〔註20〕

以上思維、語言的差異，或可用來解釋兩晉之際乃至整個中國佛學對印度佛學的詮譯，這種詮釋無疑包含了一些誤解，雖然多少背離了佛教本義，卻也成了爾後中國佛教區別印度佛教的一大特徵。

三、名士化的佛教

1. 佛教始盛關鍵

　　前章言牟子〈理惑論〉有云：「視俊士之所規，聽儒林之所論，未聞修佛道以爲貴。」反映漢末以來社會名流學者少有推崇佛法尊敬三寶，而僧祐在《弘明集‧弘明論》中有「漢末法微，晉代始盛」〔註21〕之語，可見漢魏佛教到晉代有了迅速發展，其中關鍵即在於奉佛者身分的變遷，主要是中國知

〔註17〕呂澂《中國佛教思想概論》，頁58。
〔註18〕《弘明集‧卷十三‧奉法要》，《大正藏》五十二冊，頁88。
〔註19〕後漢安世高《陰持入經》將無我譯爲「非身」。《陰持入經》見《大正藏》十五冊，頁173～179。
〔註20〕《弘明集‧卷五‧沙門不敬王者論形盡神不滅》，《大正藏》五十二冊頁31。
〔註21〕《弘明集》卷十四，《大正藏》五十二冊，頁95。

識分子信仰者的大量出現。

　　晉之前，沙門之內率皆胡人，即令有襄楷、嚴佛調、朱士行等漢人，也是鳳毛麟角；西晉般若學流行，由於般若思想契合老莊玄理，加以當時名僧談玄文理風度領袖群倫，遂贏得名士欽慕，相與結交。〔註22〕晉室南渡後，名士親佛者更為遽增，詳情除見《世說新語》外，《弘明集》所記名士如習鑿齒、何充、孫綽、郗超、孫盛、王謐、桓玄，以及名僧道安、慧遠，均可稱是當時一流玄學家也是思想家。此期無論名士或名僧，大都受過中國文化與傳統學術的熏陶，老莊之崇尚自然、孔子之「不語怪力亂神」的理性精神，在其思想中影響至深，因此他們的出現，必然一改漢魏佛教巫術迷信之風，而致力於佛教義理的探析與理論的建設，這對提高佛教的社會品味、改變士大夫知識分子對佛教的態度起了極為重要的扭轉作用，正由於這一努力，並進而影響到最高統治者，東晉時出現了一批信佛君主如晉元帝、明帝、哀帝、簡文帝、孝武帝、恭帝。〔註23〕佛教從此擺脫其民間身分，取得官方認可、支持的地位，同時必須強調的是，晉室之崇佛，不同於漢桓帝之並祠佛老，佛教是從此時才以獨立之姿獲得中國君主接受。

2. 士人信佛意義

　　名士成為兩晉佛教主要基礎，而由名士所代表的士大夫知識分子階層之接受佛教在中國佛教發展史上的意義，無疑相當深遠。

　　由於政治、倫理背景不同，佛教傳法中國最大障礙，就是和傳統價值與封建君王間的矛盾與衝突，而中國士大夫正是傳統價值最有力的維護者以及君主政治的執行者；在封建權威制度下，士人或許未曾得到過真正的政治主體地位，但他們確是君主政治中最有活動力的階層，對政治的運作乃至君主的意志具有深刻的影響力，從《弘明集》亦可看出，佛教傳布中國所遇到的主要助力或抗力，皆來自士大夫知識階層，只要意識到這一點，就不難理解佛教與士人的契合，對佛教發展來說，具有多麼重大的意義。

〔註22〕　《高僧傳・卷四・晉淮支孝龍傳》記載支孝龍與當時名士阮瞻、庾凱為友曰：「支孝龍，淮陽人。少以風姿見重，加復神采卓犖，高論適時，常披味小品，以為心要，陳留阮瞻、穎川庾凱，並結知音之友，世人呼為八達。」除支孝龍外，西晉竺法護、竺叔蘭、帛遠等，其玄理風格，均受名士激賞，而樂與酬對交遊。

〔註23〕　西晉諸帝尚無奉佛者，東晉帝王信佛文獻見《晉書》、《弘明集》與近人著作如湯用彤《漢魏兩晉南北朝佛教史》。

　　兩晉名士佛教的流行，也成爲往後中國居士佛教先驅，居士佛教又是佛教社會化後一個主要潮流，中國佛教之所以長盛不衰，其理應在於不隨寺廟僧團之興廢而興廢，故有學者說：「中國佛教在寺院與僧團之外，具有更爲廣泛的社會資源與信仰基礎，並同中國社會及其生活融爲一體，從而避免了印度佛教式微的命運，這一點在中國歷史上多次排佛乃至毀佛的事件中得到了充分的體現，而佛教在近代的復興，更是端賴於居士佛教的卓越努力。」〔註24〕

四、社會化的佛教

1. 面對出世入世兩難

　　般若學雖然迎合了士人清談玄言的需要，但佛教社會化的障礙，不僅是因爲抽象思辨的色彩難以產生更廣泛的社會效應，其最深層的困境，還是與出家修行方式有關，這也顯現出印度佛教同中國社會在核心價值上認定的矛盾。

　　當時信佛的士大夫內心應有兩種情結，一是入世的，一是出世的。前者爲傳統所肯定，以忠君孝父爲信條；後者爲信仰所需，以個人精神超越爲目的。而前者無疑具有根本約制力，這又從內在、外在兩方面表現出來：內在而言，傳統的文化早已造就士人深沉的使命感，尤其是要維護儒家文化的責任心，使得傳統成了不可逾越的軌範。外在而言，出家修行的實質將會改變皈依者的社會身份，斬斷臣民與君主（國家）之間的政治關係，實際上是將個人與社會、與國家、與傳統對立起來，這種修行法在印度或有其依據，但與中國價值觀迥然有別，這不僅是不可能的，而且極易引起對佛教的排斥。漢魏以來傳法維艱，這應是主要原因。

2. 消解在家出家矛盾

　　如果說中國佛教是從小乘的墨守教條、絕世修行演變成大乘的在家菩薩型態，那麼由三國時吳‧支謙首譯、後來又多次重譯的《維摩詰經》的漸趨流行，則展現出大乘佛教在中國社會發展的里程碑。

　　《維摩詰經》的結構與經中主人維摩詰居士所表現出的辯才無礙機智，酷似兩晉清談的形式、題目、效果，而該經呈現出的既不脫離現實物質享受，又可超乎世俗之上的精神境界，更是受到朝野普遍歡迎，〔註25〕甚至在家比

〔註24〕劉苹〈論漢晉時期的佛教〉，收於《中國史研究》1994年第二期。
〔註25〕任繼愈編《中國佛教史‧第一卷‧東漢——三國》，頁368指出魯迅先生曾說，南北朝士人有三種最愛，其中之一就是維摩詰經。

出修習更能發揮般若智慧，《維摩詰經》有一段話：

> 我聞佛言，父母不聽，不得出家？然。汝等便發阿耨多羅三藐三菩
> 提心是即出家，是即具足。〔註26〕

這段主旨說明出家與在家、出世與入世不用極力去劃分其修行形式，重要的是有沒有佛性的覺悟。

《維摩詰經》從理論與實踐兩方面把出世移到了世俗國度，從而把世俗社會引進宗教世界，使佛教徒不再處於去國離家、剃髮修行和盡忠盡孝兩難選擇的窘境，這是佛教在中國步向社會化的成功，後來東晉孫綽在〈喻道論〉中倡言「周孔即佛，佛即周孔」，〔註27〕慧遠也一再強調「內弘之道可合而明矣」〔註28〕的儒佛合明論，皆有助於改善政教關係，加強佛教與中國社會文化的融合。

第二節　兩晉時期三教之關係

一、三教關係總說

佛教中國化的過程，實際上也是一部儒、道、釋三家衝突、交流、融合的歷史；儒、道產自本土，而佛教以外來「第三者」姿態進入漢地，必然會引起他教的排擠攻擊。〔註29〕

早在東漢，三家業已並存，不過，當時中外文化交流有限，儒家屬唯我獨尊局面，道、釋兩家微不足道，無法和儒家分庭抗禮。漢末六朝以後天下紛擾，不同的政治勢力逐鹿中原，意識型態領域也隨之而起巨變，人們的思想信仰能作較自由的選擇，儒家此時無法再一手壟斷，於是道、釋趁勢招徠信眾擴大傳播層面，遂成儒、釋、道三教鼎立，〔註30〕而三教也都想在思想

〔註26〕《維摩詰經・弟子品》《大正藏》十四冊，頁521。

〔註27〕《弘明集》卷三，《大正藏》五十二冊，頁17。

〔註28〕《弘明集・卷五・沙門不敬王者論體極不兼應》《大正藏》五十二冊，頁31。

〔註29〕湯一介在《魏晉南北朝時期的道家》，頁313謂：任何宗教都有排他性，在世界歷史上因不同宗教信仰而引起的矛盾和衝突，甚至發生宗教戰爭是屢見不鮮的。佛教傳入中國後，開始時雖然依附於中國的傳統思想文化，但隨著佛教經典的翻譯漸多，信徒日眾，它和中國傳統思想文化的衝突日益明顯。在魏晉南北朝時期，佛教和中國傳統思想文化的矛盾和衝突除了表現為儒佛的鬥爭外，也表在它和中國本民族的宗教道教的矛盾和衝突。

〔註30〕中國歷史上儒、道、釋三教鼎立局面究竟出現於何時？學界有不同看法，有

界「逐鹿中原」。

從《弘明集》看來，三教關係大體有兩種情形，一層是思想理論上的優劣關係，一層是政治地位高低的關係。對於前者，三教之間有理論教義之爭也有模仿融通之處。對於後者，儒教在名義上一直都維持正統地位，佛、道二家則互不相讓，表現出本土文化對抗外來文化的心理。一般而言，東晉十六國至南北朝初、中期，三教論爭時有所聞（詳見本章及下章），南北朝中至後期，三教論爭漸漸退潮，三教同源、三教合一論調慢慢抬頭，博通三教的學者增多，三教「大和解」的趨勢也日益不可阻擋。

二、佛、道關係

提到佛、道關係，就不能略過「老子化胡說」這一段「公案」。所謂「老子化胡說」是指被奉為道教之祖的老子，曾到西方天竺國進行教化，而後天竺才有佛教產生。從老子化胡說「故事」的演變，可以看出佛、道如何由東漢的混同演變成後來對立、競逐的關係，以下分述之：

1. 佛道混合

以今視之，佛教與道教皆為中國宗教主流，二者幾乎同時期興起、同時期發展，不同的是，道教發源本土，佛教來自域外，故當佛教傳來初期，可說是庇陰於黃老仙術思想才得開展（見本文第四章），《後漢書》〈楚王英傳〉、〈襄楷傳〉均記載當時人把老子和佛看成同類（引文見第四章）加以祭祠，也就是在這種情形下，開始有了老子化胡說：

自從《史記》言老子去周出關，莫知所終以後，〔註31〕老子的神奇傳說乃漸滋生；至東漢末，老子被神化奉為道教代表人物，老子既是往西出關，又能神遊萬化，而佛教的神通恰與之近似，因而出現浮屠為老子所化傳說，桓帝延熹九年（166），襄楷上奏書云：

> 或言老子入夷狄為浮屠……浮屠曰，此但革囊盛血，遂不盼之，其守一如此，乃能成道。〔註32〕

的認為隋唐時才是三教鼎立（見任繼愈《中國佛教史·序》），而《六朝思想史》，頁268～271，作者孫述圻引《翻譯名義集》（《大正藏》五十四冊）指出，三國時即出現三教之稱，可見六朝之初已形成三教，六朝中期以後，「三教」之名普遍流行。

〔註31〕《史記·卷六十三·老子韓非列傳》。
〔註32〕《後漢書·卷三十·襄楷傳》。

既云「或言」，表示東漢社會已有老子化胡傳說，不過，此項傳言中的老子和浮屠是並列的二位一體，老子、浮屠之「道」都講「守一」。

東漢老子化胡說的意義，實際上是要證明外來佛教和黃老道教是一家人，而化胡說也樂為當時佛、道二教所認同，因為黃老道可借此進一步抬高老子的地位，顯出自己神通廣大；佛教則因化胡說廣被接受，不致因是夷狄之教而被推拒門外。〔註33〕

2. 佛道對抗

三國時，化胡說在佛道二教間發生了異議，不僅指老子到西方教化胡人，並進一步有了老子是佛陀老師的說法，《三國志·魏書卷三十·烏丸鮮卑東夷傳》裴注引魚豢《魏略·西戎傳》曰：

> 浮屠所載與中國老子經相出入，蓋以為老子西出關，過西域，之天
> 竺，教胡。浮屠屬弟子別號，合有二十九。

浮屠成了徒弟，老子輩份當然相對抬高。西晉初年晉武帝時，化胡說又增添新內容，皇甫謐著有《高士傳》，其中除了仍以老子為浮屠之師外，且說老子作《浮屠經》，〔註34〕這比起《魏略》顯然又有新發展。

自東漢至西晉初，道教徒不斷為化胡說「加料」，固非佛徒所願承認，不過，迄今未見提出反駁，究其原因，或如學者所言：「老子不僅是兩漢以來黃老之學推崇的對象，而且也是魏晉玄學所推崇者，其在人們心目中之地位當在佛之上，所以還沒有對老子化胡這一說法提出異議。」〔註35〕

3. 佛道爭辯

西晉中葉後，佛教教義漸明，羽翼漸豐，逐步由附庸轉向獨立，佛教既然擺脫附庸地位，遂與道教勢力抗衡，出現佛道二教互爭高下跡象，故撮合歷史上老子化胡故事，加上自己引申，創作《老子化胡經》，〔註36〕其經目的

〔註33〕 參考李剛《魏晉南北朝宗教政策研究》，頁 250～256。
〔註34〕 《大正藏》第五十二冊有唐·釋法琳《辯正論》八卷，卷五、卷六分別引皇甫謐《高士傳》言：「老子出關，入天竺國，教胡王為浮屠」、「桑門浮屠經老子所作」。《晉書》有〈皇甫謐傳〉。
〔註35〕 同註29，頁 318。
〔註36〕 《老子化胡經》早已佚失，後來在敦煌出現殘卷。據日人大忍淵爾《敦煌道經目錄》所載，有《老子化胡經》序、第一卷、第二卷、第八卷、第十卷等殘卷，但敦煌本《老子化胡經》殘卷亦已不是西晉原本。關於王浮造化胡經以及他和僧人帛遠（字法祖）爭論佛道二教正邪的史料，在此一時期，尚有

在揚道抑佛。此時佛教不能再容忍老子化胡的說法，因而爲文迎戰，譬如《弘明集》中作者不詳的〈正誣論〉就是一例。自《老子化胡經》之後，佛、道二教常以此爲口實，開啓爭端未嘗間斷，而且越演越烈，爭論著眼點主要落在老子與佛陀孰先孰後？道教與佛教教義孰優孰劣？二教地位孰高孰低？

（1）地位爭高低

《弘明集》諸篇文章，以卷一〈正誣論〉﹝註37﹞最先提到化胡。

〈正誣論〉今已不詳作者與確切的寫作時間，但文中提到「泥洹者，胡語，晉言無爲」以及石崇、周仲智等名，故可斷定爲東晉之作。﹝註38﹞

〈正誣論〉顧文解題，其取名之由，本文以爲是信佛人士，針對誣謗佛法之言辭予以糾正以明視聽；文章內容共十一則，每則皆設有「誣云」和「正曰」，故名〈正誣論〉，形式與〈理惑論〉如出一轍。

〈正誣論〉文中的誣者，雖未指是「道教人士」但其批評佛教之理詞，多不違道教立場，因此常被視作道教反佛之論。例〈正誣論〉曰：

> 有異人者誣佛曰，尹文子有神通者。恐彼胡狄父子聚麀，貪婪忍害，昧利無恥，侵害不厭，屠裂群生，不可遜讓屬，不可談議喻，故具諸事云云，又令得道弟子變化云云，又禁其殺生，斷其婚姻，使無子孫，伐胡之術，孰良於此云云。﹝註39﹞

意謂佛不過是如同尹文子得神通之人；胡人奸詭，化胡的目的是爲了伐胡，而斷婚姻、禁殺生原本是出家僧尼的戒律，在此皆成了滅絕胡種的伐胡之術。由本段引文可見化胡說在晉時已成爲道教貶斥佛教的工具，以顯示道教尊於佛教。

（2）時間爭先後

佛教徒不願再接受道教化胡說誹謗，於是積極回應，並引經反證佛陀先

東晉末竺道祖撰的《晉世雜錄》、劉宋劉義慶的《幽明錄》、梁裴子野的《眾僧傳》等，而收錄有關化胡說故事的書則有葛洪的《神仙論》、東晉孫盛的《老聃非大賢論》、《老子疑問反訊》等，但被視爲較重要的則有僧祐的《出三藏記集·法祖法師傳》以及慧皎《高僧傳·帛遠傳》。

﹝註37﹞《大正藏》五十二冊，頁7〜9。

﹝註38﹞石崇是西晉武帝、惠帝時富豪，生平事蹟見《晉書·卷三十三·石苞傳附傳》以及《世說新語》〈品藻〉、〈汰侈〉等篇。周仲智名嵩，東晉明帝時被王敦所殺，「臨刑猶於市誦經」，事見《晉書·卷六十一·周浚傳附傳》。石崇、周仲智二人皆奉佛。

﹝註39﹞《弘明集·卷一》，《大正藏》五十二冊，頁7。

於老子。文云：

> 夫尹文子即老子弟子也，老子即佛弟子也。故其經云：聞道竺乾，
> 有古先生，善入泥洹，不始不終，永存綿綿。竺乾者天竺也，泥洹
> 者梵語，晉言無爲也。若佛不先老子，何得稱先生？老子不先尹文，
> 何故請（應爲「講」）道德之經？即以此推之，佛故文子之祖宗，眾
> 聖之元始也。〔註40〕

〈正誣論〉所引的經語，應是《老子西昇經》，因爲在《廣弘明集》卷一中也引有這段話，即說出自《老子西昇經》。由此知晉時釋子也把佛教的生年提早、輩份提高到老子之上，俾提升自己的宗教派別。

問題是，《老子西昇經》乃道教著作，道經如何可能承認自家祖師老子爲佛弟子？據王維誠〈老子化胡說〉一文考證，今道藏慕字號有宋徽宗注本《西昇經》三卷，其〈西昇章第一〉曰：「老君西昇，聞道竺乾，號古先生，善入無爲，不終不始，永存綿綿」，文句幾與〈正誣論〉所引等同。然西昇經係道士所造，觀其經上下之義，是古先生爲老子，內容不離道教老子化胡之旨，而〈正誣論〉卻以古先生爲老子對佛之尊稱，表示老子爲佛陀弟子，是以〈正誣論〉顯然爲反化胡說而曲解道經經文。〔註41〕

道教徒僞造「老子化胡說」，作《老子化胡經》，後來佛教徒又篡改道教經典，把本來是老子化胡的說詞改爲佛是老子之師，從這一點可以看出，佛、道雙方爲了互爭先後，都將時間推前、僞造歷史，以滿足教徒優越感。

（3）教義爭優劣

佛教與道教在本質上同屬宗教，當漢末三國時，佛教還曾被視爲黃老一支，但兩晉以後，佛、道分別揚鑣，佛教發展自己獨立的教儀與教義，展現出不同的思想理念，招致道教非難，例〈正誣論〉曰：

> 誣云：沙門之在京洛者多矣，而未曾聞能令主上延年益壽。上不能
> 調和陰陽，使年豐民富、消災卻疫、克靜禍亂云云，下不能休糧絕
> 粒、呼吸清醇、扶命度厄、長生久視云云。〔註42〕

佛教與道教在教義上的差異，大體而言，表現於生死、形神、因果報應。〈正誣論〉中道教認爲佛教既不能使人不死成仙，又無法減災除病，實無益

〔註40〕同註39。
〔註41〕王維誠〈老子化胡說考證〉，收於國學季刊四卷二號。
〔註42〕同註39，頁8。

國家社會。佛教予以反駁說：

> 莊周有云：達命之情者，不務命之所無奈何。審期分之不可遷也……
> 沙門之視松喬若未孩之兒耳，方能汎志於二儀之表，延祚於不死之
> 鄉……〔註43〕

佛教一則引《莊子·達生篇》之言，指出通達命理之人，不會去做命運所不能勉強的事，以此反諷道教形體不死之論，再則稱佛可導人於涅槃不滅之境，此義遠勝道教追求目標。

〈正誣論〉中，道、佛尚對他項如佛樂死惡生，道重生惡死以及善惡因果等互爭短長，本文不一一贅舉。

佛、道之爭最早從漢魏三國的牟子〈理惑論〉即透露箇中訊息，後來因「化胡說」而起的佛道二教對立爭端，若以史實眼光視之，確屬荒誕無稽價如敝屣，設若以社會學角度視之，則上述資料反應了佛教來華後產生的現象，實質上不僅隱藏著中印文化的矛盾，也交織著宗教之間爲爭地位而出現護教排他性。不過，對於兩晉之際的佛、道之爭，《弘明集》只收了一篇〈正誣論〉，比起南朝以後掀起的佛、道大論戰，反不如當代佛、儒之爭來的廣；論出場人物，更不如佛儒之爭多；論社會影響，也不如佛儒之爭深，或可說，晉代佛、道關係有「潛流」，如老子化胡說，也有交流，〔註44〕而晉代佛、儒所發生的「沙門敬王」風波，則是搬上檯面的「明流」衝突。

三、佛、儒關係

1. 政教衝突的背景

任何異質文化的傳播，都不可避免發生適應問題，因此前述佛、道爭議情況可能同樣出現在佛、儒的接觸上，不過，佛、儒二教卻在東晉演出政教衝突，險些動搖佛法命脈，個中因素，除了文化特質不與本土相同外，重要的是關涉王權與教權、禮法與佛法的抵觸。有學者指出：「在任何專制社會，宗教的命運在很大程度上取決於統治集團尤其是君主的態度，而後者取決於

〔註43〕同註42。
〔註44〕李養正在〈略述道教與我國傳統文化之關係〉一文中指出，道教在東晉以後，以老莊爲泛略之論，不向哲學思想的深化發展，只重形體煉養，在宗教思想方面，向佛教吸取了輪迴、地獄、三業等，但在宗教修煉方術方面，佛教徒亦暗中向道教學習。該文收於湯一介編《中國宗教過去與現在》一書，頁152～165。

帝國利益及政治傳統與倫理傳統之上的政治標準和道德考慮，任何有悖於這一傳統從而有害於現存秩序的宗教運動，都會受到嚴厲的禁止。在這裡，信仰的因素是次要的，重要的是維護傳統及其秩序」，〔註45〕這意味佛教來到古代中國，勢需調整自身以適應政治與傳統才能謀得生存和發展空間。

中國儒學家說自漢武帝時「獨尊儒術」之後，儒學便逐漸上升為社會的統治思想，儒家倫理（即名教）的核心「忠孝」亦成為社會普遍遵守的道德準則；五倫中以君臣、父子二倫最受重視，袁宏即曾曰：「夫君臣父子，名教之本也」，〔註46〕君臣關係猶如父子之上尊下卑，而名教的意義，不僅表現在倫常秩序上，也是治道的根據，如庾冰謂：「禮重矣，敬大矣，為治之綱，盡於此矣」，〔註47〕因君臣尊卑的關係象徵王法權位，若尊卑不立則王權不固，上位者會受到威脅。佛教在中土傳播其教義，宣揚沙門不奉父母、不拜王者，嚴重挑戰名教中君王權威，自易爆發政教衝突。

2. 政教衝突的形成

本文第四章已提過，在印度的出家人不必向王者禮拜。佛教東來中國，晉代以前風氣未盛，信眾未廣，故未聞與中國禮教明顯摩擦，《弘明集》中有言：「曩者晉人略無奉佛，沙門徒眾，皆是諸胡，且王者與之不接」，〔註48〕西晉初，尚沿舊制，禁止漢人出家（見註 9），是以僧侶多屬外族，而信佛的五胡十六國君主，因同為胡人，故對僧人禮遇有加，〔註49〕避開了中土傳統君臣秩序的綱常問題。

東晉佛教迅速發展，〔註50〕僧團之外，居士佛教開始流行，王室中不乏崇佛者，知識分子亦多探研佛理，佛教禮儀與中國禮教的乖違漸受注目，問題亦隨之產生。〔註51〕

〔註45〕 同註 24。
〔註46〕 《後漢記·卷二十六》。
〔註47〕 《弘明集·卷十二》，《大正藏》五十二冊，頁 80。
〔註48〕 《弘明集·卷十二·桓玄難王中令》，《大正藏》五十二冊，頁 81。
〔註49〕 《高僧傳》分別記載佛圖澄曾被石勒尊為「大和尚」，前秦的道安，是苻堅倚重的政治軍事顧問，後秦鳩摩羅什亦被姚興奉為國師。
〔註50〕 唐·法琳《辯正論·十代奉佛篇》統計兩晉僧尼人數、寺數，指西晉永嘉間，僧尼共三七〇〇人，京城內寺廟一八〇所，到東晉僧數增至二四〇〇〇人，寺院一七六八間。《大正藏》五十二冊，頁 502。
〔註51〕 東晉佛教在當時受到儒教的批判事實上不只一端，鎌田茂雄著的《中國佛教史》，頁 74 歸納出三大項，包括有倫常問題，如背離父母妻子、不敬王者。

　　沙門是否應該禮敬王者的導火線，一般以為最早記載於《弘明集・卷十二》庾冰代晉成帝作詔書令沙門應敬王者而引起，〔註52〕但本文認為庾冰並非無的放矢，爭議的形成，應向前追溯至竺道潛身上。〔註53〕

　　竺道潛是活躍於東晉前半朝名僧，據《高僧傳・卷二・竺道潛傳》可知，東晉明帝、成帝、哀帝、簡文帝均友敬竺道潛，朝中重臣如丞相王導、太尉庾亮、司空何充等也與其往來密切，〈竺道潛傳〉云：

　　　　建武太寧中，潛恆著屐至殿內，時人咸謂方外之士，以德重故也。

竺道潛因獲元帝（年號建武）明帝（年號太寧）及王、庾二公寵遇，故「著屐」入殿，亦無人敢批評，只「以德重故也」，可是一旦元明二帝、王庾二臣逝世，情況就改觀了，成帝年幼即位，庾冰、何充輔政，庾冰雖是庾亮弟弟，卻是名教中人，〔註54〕看不慣竺道潛漠視王法禮節行為，遂在成帝咸康六年（340）倡議沙門也應遵守中國傳統禮制，向帝王行跪叩朝儀，由此而引起一場沙門應否敬王風波，《弘明集》收錄了當時權臣之間或權臣名僧之間因論爭此事而往反辯論的文章，圍繞著沙門敬王問題並帝及其它如袒服、踞食、夷夏同異等，本文以為「沙門敬王」是中外文化衝突與交流中值得觀察的一環，故下一節擇沙門敬王一事為討論主題，欲從一側面更清楚透視印度佛教在晉代如何梁上華夏氣息而為中國社會理解、接受。

第三節　東晉佛教「沙門敬王」的中國化

　　沙門若不敬拜帝王，幾乎等於否定儒家的禮法名教，而沙門敬拜帝王，又幾乎等於否定佛教的出世修行教義，可見沙門敬王問題的爭論，對於中國統治者和佛教界來說，都事關重大。上述庾冰的主張是歷史上首次明確提出要求沙門禮敬王者（牟子〈理惑論〉僅籠統批評沙門無跪起之禮），也是有史以來佛教與國家政權問題第一次出現的高層討論。

　　　　有思想問題，如神不滅、三世報應等。有社會問題，如僧侶不勞而獲、逃避
　　　　賦役、建塔寺浪費國庫等。
〔註52〕持此意見者有任繼愈編《中國哲學發展史》，頁 841，區結成著《慧遠》，頁
　　　　55，李剛著《魏晉南北朝宗教政策研究》，頁 256，黃盛璟撰《從弘明集看魏
　　　　晉南北朝儒釋道三家的皆應》，頁 64。
〔註53〕有關竺道潛引發庾冰倡議沙門敬王的史實背景，可詳王文顏〈南北朝沙門禮
　　　　敬王者爭議試探〉一文，見七十九年四月高雄師大國文所系研討會論文。
〔註54〕庾冰生平事蹟見《晉書・卷七十三・庾亮傳附傳》。

一、兩次禮法與佛法之爭

1. 庾冰事件

據《弘明集》卷十二知，晉成帝咸康六年風波首起，出場人物主要有庾冰和何充。車騎將軍庾冰輔政，代成帝下詔令沙門應跪敬王者，而另一些崇信佛教的大臣，以尚書令何充為首，率僕射褚翌、諸葛恢，尚書馮懷、謝廣等，奏表反對實行沙門敬王，此事後交禮官、博士詳議，議論結果與何充等人同，但門下承冰旨將其駁回。何充等再奏、三奏，庾冰也復代晉成帝下詔，申明不得以殊俗參治，不過由於何充的堅持，朝廷第一場的爭議，終由主張沙門不敬王者派佔了上風。〔註55〕

《弘明集》著錄此次相互論辯的資料，計有庾冰代成帝所下詔書兩篇，何充與褚翌、諸葛恢、馮懷、謝廣共同具名的奏疏三篇。〔註56〕

2. 桓玄事件

庾冰事件後約六十年，東晉各世族勢力互有消長，安帝時桓玄總理政事，〔註57〕重提沙門應敬王舊事，又挑起一場政策之爭，代表人物是桓玄、卞嗣之、袁恪之、馬範為主張禮敬一方，以王謐、桓謙、慧遠為反對致拜的一方，雙方論戰數二十餘回合，從理論上更加深入辯難，最後以沙門仍循不拜往例而收兵。

此次整個事件可以詳分成三段式觀察：

第一段是桓玄與朝中大臣「八座」〔註58〕的議論，桓玄提出應敬王者理由，尚書令桓謙代表八座回答，提出反駁。《弘明集》卷十二共收兩方各一首書信。

第二段是桓玄從八座處得不到滿意的答覆，乃轉向與中書令王謐討論。王謐是王導之孫，也是桓玄麾下大將，〔註59〕但與慧遠存師友關係（見《高

〔註55〕 李剛著《魏晉南北朝宗教政策研究》，頁258認為此次沙門敬王的爭論是帶有政治角力的目的，一邊是庾冰試圖用沙門敬王之令來加強自己的權威，一邊打算通過反對沙門敬王來削弱庾氏權力。

〔註56〕 《大正藏》五十二冊，頁79～80。

〔註57〕 見《晉書‧卷九十九‧桓玄傳》。

〔註58〕 《晉書‧卷二十四‧職官志》曰：「後漢光武，以三公曹主歲盡考課諸州郡事……合為六曹，并令僕二人，謂之八座。」晉制八座包括吏部尚書、祠部尚書、五兵尚書、左民尚書、度支尚書、尚書左右僕射、尚書令。

〔註59〕 事見《晉書‧卷六十五‧王謐傳》，桓玄稱帝時，亦由王謐「奉璽詣玄」，可

僧傳‧慧遠傳》），桓玄本欲以王謐爲奧援，反引來一場大爭辯，最後王謐知抗辯無效，才放棄一貫主張。《弘明集》卷十二著錄二人全部八篇論難。

第三段是桓玄將八座與王謐意見致送慧遠，希慧遠釋疑，慧遠以佛教界領袖身份答書，又作《沙門不敬王者論》五篇，〔註60〕《弘明集》分別收於卷十二、卷五，明確表示沙門不應敬王之理，但也闡述佛教與名教關係以及擁護王權立場，算是爲此次論爭獲得圓滿結局。

二、主張沙門敬王之理據

此派人士承認不解佛理，甚至懷疑有佛的存在，〔註61〕故立論不以佛理爲基礎，而是堅守中國傳統禮教之門戶發表意見。

1. 維護名教秩序

庾冰主張敬拜，立場是維護倫常秩序，他說「因父子之敬，建君臣之序，制法度，崇禮秩，豈徒然哉？……名教有由來，百代所不廢」，〔註62〕強調父子君臣之儀並非虛設，既非虛設，則自來名教下所建立的體制不可廢，故沙門應禮拜王者，而且「王教不得不一，二之則亂」，〔註63〕意謂率土之濱莫非王臣，出家人亦屬晉民，豈可例外不敬王者？若尊卑不分、君臣無序，國家就會大亂。以庾冰爲首的一派，其主張論據略如上述。

2. 維護王者之德

東晉安帝時桓玄主政，曾有汰簡沙門措施，〔註64〕隨即又欲繼庾冰推出命令僧尼敬拜王侯之舉，桓玄雖爲此議修書八座、王謐、慧遠多人，展開尖銳爭辯，但以他寫給八座的信函，最能道出桓玄理論所依：

> ……舊諸沙門皆不敬王者，何、庾雖已論之，而並率所見，未是以

知王謐爲桓玄重臣。

〔註60〕五篇文章是〈在家第一〉、〈出家第二〉、〈求宗不順化第三〉、〈體極不兼應第四〉、〈形盡神不滅第五〉，同時前有序、後有跋，合稱《沙門不敬王者論》。

〔註61〕庾冰代成帝詔云：「萬方殊俗，神道難辯」，又云：「今果有佛邪？將無佛邪？……繼其信然，將是方外之事，方外之事，豈方內所體？」不但表示不太懂佛理，且世界上未必有佛，即使有佛，也是世外之事。把佛教排出世外，實際上等於否定佛教。桓玄亦有佛之教化「誕以茫浩，推於視聽之外」之言，見《弘明集》卷十二，《大正藏》五十二冊，頁79～80。

〔註62〕同註60。

〔註63〕庾冰代成帝重詔，《弘明集》卷十二，《大正藏》五十二冊，頁80。

〔註64〕《佛祖統記》卷三十六有「隆安二年，桓玄輔政，勸上沙汰僧尼」之語。

理屈也。

庾意在尊主，而理據未盡；何出於偏信，遂淪名體。夫佛之爲化，雖誕以茫浩，推於視聽之外，然以敬爲本，此處不異。蓋所期者殊，非敬恭宜廢也。老子同王侯於三大，原其所重，皆在於資生通運，豈獨以聖人在位，而比稱二儀哉？……沙門之所以生生資存，亦日用於理命，豈有受其德而遺其禮，沾其惠而廢其敬哉？既理所不容，亦情所不安，一代之大事，宜共求其衷。〔註65〕

信中提及舊日庾冰、何充之爭，以爲當年的爭辯未能深究其理，而沙門敬王又是「一代之大事」，故應重新討論。桓玄之言，易予人錯覺，以爲他仍將循庾冰之途，再度維護君臣倫理秩序，事實上桓玄的理論依據和庾冰只強調形式層面的秩序完全不同。

桓玄把討論的重點從儒家綱常秩序轉移到道家王者之德上面。上段引言中，桓玄認爲佛教主張「敬」的觀點和他一致，問題是誰恭敬誰？桓玄借用老子將王侯與天地並列爲「四大」之一〔註66〕的話，指稱王侯功德通於天地神明，表現在資助萬物的生存與成長上，沙門的「生生資存」亦仰賴王道，難道有蒙其德惠而不行禮敬的嗎？這是桓玄堅持沙門應敬王者的基本理由，桓玄後來向王謐、慧遠發出的多次質難，也都在發揮此意。

桓玄借老子來強調王者之德的觀點，雖是符合當代思想風氣，但有人認爲桓玄此舉出發點實包藏極大私心，與其圖謀篡位有關，〔註67〕他並非眞正關心僧人是否碰拜安帝，而是暗示自己有德，希望登基後，獲得僧人禮敬，以增加威望。

三、反對沙門敬王之理據

反對陣營人物似佔多數，不過理據亦約分成兩類，包括以何充馬首是瞻的一派，雖然篤信佛教，但仍站在維護名教角度反對沙門敬拜王者；與慧遠立場一致的桓謙、王謐等人，則較廣義反駁桓玄主張。

〔註65〕《弘明集·卷十二·桓玄與八座書論道人敬事》，《大正藏》五十二冊頁八十。
〔註66〕《老子》二十五章：故道大、天大、地大、王亦大，域中有四大，而王居其一焉。
〔註67〕區結成著《慧遠》一書頁56、57指出，桓玄在倡議僧人敬拜時候，已虛置安帝，半年後果然廢帝自立，當時桓玄欲將篡位合理化故借題發揮，指安帝無德不堪爲帝，桓玄有德，才宜爲王並接受敬拜。

1. 不敬王者無損王權

東晉成帝庾冰的沙門敬王主張，遇到當時一批士族大臣反對，何充等人的主要意見第一是佛門五戒有助五化。從漢至晉，佛法經過長期演化，誰能與其功能相比。第二，以前帝王沒有譴責沙門不行跪拜禮，而尊卑秩序亦絲毫未受損傷，所謂「直以漢魏逮晉，不聞異議，尊卑憲章，無或暫虧也」故宜「遵承先帝故事，於義爲長」。〔註68〕

有趣的是，庾冰和何充的爭論，雖然代表一正一反意見，但雙方的出發點、論點、目的皆一致，都是爲了維繫儒家名教於不墜，只不過是「反對佛教的看到了佛教與名教矛盾的一面，而維護佛教的則看到了兩者一致的一面」。〔註69〕

2. 佛教王教相反相成

桓玄爲沙門敬王事向慧遠「下戰帖」，慧遠堅拒桓玄敬拜王者的倡議，不過，慧遠的困難並不是從義理上回辯桓玄，而是面對一位野心勃勃的政治家時，該如何提出護教護法的觀點？後來慧遠措詞婉轉又立意周延地覆信桓玄，表明了沙門不敬王者的立場，其中，本文認爲最重要的論據有二：

（1）慧遠謂：「可以道廢人，固不應以人廢道」。〔註70〕慧遠指出先前桓玄也肯定佛法浩瀚，教化重敬行，顯然應有獨立存在中國價值，若因僧人未潔身修持，則應去其服、汰其人，也就是「以道廢人」，而不宜廢除僧制（包括不拜王者），倘若必定要廢道，亦必須存其禮，因爲「禮存則制教之旨可尋」如此，佛教才能長存續其命脈。故有人說慧遠「能夠洞見敬拜之爭所關並非一時一地之屈膝而已，這一點可以讓步的話，則佛教之其他僧規戒律莫不可一一退讓放棄。」〔註71〕慧遠拒拜王者，眞正理由應在於此。

（2）慧遠又云：「佛經所明凡有二科，一者處俗弘教，二者出家修道……故凡在家，皆隱居以求其志、變俗以達其道」。〔註72〕慧遠區分信佛有在家、出家之別，在家處俗自應敬君尊親，出家超俗，與世隔違，一切禮法章服形式自不同於流俗，也正因如此，所以沙門離親並不表示有悖孝道、不拜王者

〔註68〕何充等人意見來源同註55。
〔註69〕方立天著《慧遠及其佛學》，頁153。
〔註70〕《弘明集・卷十二・遠法師答》《大正藏》五十二冊，頁84。
〔註71〕同註66，頁58。
〔註72〕同註69，頁83。

即失敬意，反而因沙門拯溺救惡功德無量，「一夫全德，則道洽六親，澤流天下，雖不處王侯之位，固已協契皇極，大庇生民矣」，〔註73〕可見佛教雖使人離世修行，卻符合王教統治，有利生民。

當時站在慧遠這一方的桓謙和王謐，亦和慧遠意見大致吻合，例如王謐不敬王理由，也是強調沙門出世，禮法獨立不與俗同。〔註74〕桓謙置佛教獨立於名教之外，謂：「佛法與堯孔殊趣，禮教正乖」，〔註75〕禮教既乖，就應彼此尊重，允許沙門不必敬拜王者。

四、慧遠的重要性

桓玄在給八座、王謐、慧遠的信中，反復指沙門敬王問題是「一代大事」，並自撰文章與人爭辯，不過，在一番喧嚷之後，桓玄又戲劇化的「收回成命」，下詔令沙門不必致敬。〔註76〕桓玄未說明放棄原先主張的理由，因此很難確定他是否因接受了慧遠意見而作罷，〔註77〕本文以為，桓玄的妥協不能說不受到慧遠的影響，慧遠從理論上全面深入分析佛教的獨立性，及與名教功能的一致性，再加上慧遠兼化道俗的社會地位，終使桓玄沒有強迫沙門禮拜王者，從這一代名僧身上，凸顯出佛教在東晉時所走過的道路上，留下了深刻的中國化痕跡，慧遠的代表性，值得探討。

1. 理據兼顧名教佛教

學者指出，儒家經常攻擊佛教之處有三：一斥違背倫理綱常，二責危害王道政治，三駁夷夏之別，〔註78〕而此三條又可盡納於沙門敬王爭論中，是以東晉釋道恆作〈釋駁論〉引述社會上衛道人士對佛教的批評是「無益於時

〔註73〕同註69。

〔註74〕《弘明集》卷十二，王謐答桓太尉有「沙門之道，自以敬為主，但津塗既殊，義無降屈」、「意以為佛之為教，與內聖永殊，既云其殊，理則無並」語。《大正藏》五十二冊，頁81、82。

〔註75〕《弘明集》卷十二，桓謙代八座答桓玄書，《大正藏》五十二冊，頁80。

〔註76〕桓玄許沙門不致禮詔書曰：「佛法宏誕，所不能了，推其篤至之情，故寧與其敬耳。今事既在已，苟所不了，且當寧從其略，諸人勿復使禮也。」《弘明集》卷十二，《大正藏》五十二冊，頁84。

〔註77〕桓玄放棄沙門敬拜王者之因素，受到種種猜測，有人指出桓玄當時已經篡位，自忖是萬乘之君，應有胸懷包容一切，故允許沙門不必禮敬，或認為桓玄是因朝中強烈的護佛勢力反對、桓玄反佛不堅之故，以及桓玄希獲佛教徒支持等。

〔註78〕賴永海著《佛學與儒學》，頁96。

政，有損於治道」。〔註79〕當時尊崇儒家名教、不滿佛教的人，也曾向慧遠提出嚴厲質問：

> 歷觀前史，上皇已來，在位居宗者，未始異其原本。本不可二，是故百代同典，咸一其統，所謂唯天唯大，唯堯則之。如此，則非智有所不照，自無外可照；非理有所不盡，自無理可盡。以此而推，視聽之外，廓無所寄，理無所寄，則宗極可明。今諸沙門，不悟文表之意，而惑教表之文，其為謬也，固已甚矣！若復顯然有驗，此乃希世之聞。〔註80〕

這段大意謂歷代帝王統治的根本宗旨都是相同的（都是遵循儒家思想觀念），所據典冊也一樣，咸認天最高大，只有堯能學習天，人們視聽以外的事是虛無所有、不足憑信的，佛教講的出世道理也是錯誤、難以驗證的。

本文認為慧遠面臨佛教進入中國後此種遭遇，內心必有所思索與抉擇，是應墨守釋迦遺教盡遭擯棄？抑或入鄉隨俗另闢展途？顯然慧遠選擇了後者。

慧遠以他博通三教的學識素養和宗教自覺意識，寫成《沙門不敬王者論》五篇，其中〈體極不兼應〉詳細回應了上述時人非難：

慧遠首先指出佛法與名教屬於各自不同的領域範圍，兩者並非不能兼通，只是佛法精微，不易用世俗一般道理來理解；慧遠並引莊子之例云：「古之語大道者，五變而形名可舉，九變而賞罰可言，此但方內之階差，而猶不可頓設，況其外者乎？」意即世俗的道理都有深淺難易之別，不是一時間能說的明白，何況是世俗以外的事呢？在這裡，慧遠將名教、佛教定位於獨立的立場，但強調兩者可以兼通並無衝突，而且，佛教似比名教之理更高深，不過絕非高不可攀、深不可測，而是可以尋求探明的。

其次慧遠再度運用玄學的語言說：「六合之外，存而不論者，非不可論，論之或乖；六合之內論而不辯者，非不可辯，辯之或疑；春秋經世先王之志辯而不議者，非不可議，議之或亂。此三者，皆即其身耳目之所不至，以為關鍵，而不關視聽之外者也」。〔註81〕聖人對天地以外的事持「不可說」的態

〔註79〕《弘明集》卷六，《大正藏》五十二冊，頁35。

〔註80〕《弘明集‧卷五‧沙門不敬王者論體極不兼應第四》，《大正藏》五十二冊，頁30～31。

〔註81〕同註79。另外，慧遠此段話的典故出自《莊子‧齊物論》：「六合之外，聖人存而不論；六合之內，聖人論而不議；春秋經世先王之志，聖人議而不辯。」

度，非不能論、辯、議，而是不爲也，因爲擔心一般人不能了解，徒然引起疑慮混亂，其中關鍵，乃因世人自限於耳目所聞之常識，難以深察形而上的哲理之故。慧遠這段話的言外之意，即事實上佛之道不僅存在，而且聖人能夠了然於胸，因此慧遠更進一步說「內外之道可合而明矣。常以爲道法之與名教，如來之與堯孔，發致雖殊，潛相影響，出處誠異，終期則同」，〔註82〕佛教與名教、如來與聖人，出發點雖不同，但可互相影響、合而彰明，最後殊途同歸。

最後慧遠站在佛教的立場引經據典說明水可以變成冰，冰也是水的道理來證明理有乖合、佛儒既異復同；「理或有先合而後乖，有先乖後合……經云，佛有自然神妙之法，化物以權，廣隨所入，或爲靈先轉輪聖帝，或爲卿相國師道士……」先合而後乖，表示如來化爲世聖普渡眾生；先乖而後合，表示聖賢終歸成佛。

姑且不去探究慧遠上述理論的是非對錯，但可推知的是慧遠必然洞識當時佛法與儒家間的矛盾，因此著眼彌縫兩者。甚至從慧遠所言內容看來，佛教不但無損名教，尚可補儒家之不足，對於慧遠〈體極不兼應〉一文中的觀點，方立天先生說：「慧遠已把佛教和名教完全溝通起來，並且在一定意義上已把儒家聖人唐堯、孔丘和佛祖釋迦牟尼等同起來了。這種把佛教和性質根本不同的儒家加以調合，是中國僧侶對印度佛教的大膽創新、重新改造」，〔註83〕慧遠的論點也因此在中國佛教思想史上樹立新幟，具有歷史價值。

慧遠《沙門不敬王者論・體極不兼應》完成發表時，桓玄雖已被殺身亡〔註84〕未睹該文，不過，〈體極不兼應〉旨意與慧遠早先覆信桓玄，回答沙門敬王問題的內容是一致的，因此桓玄應知慧遠結合佛教配合名教之立場，從而導致桓玄解除敵意，放棄沙門敬王的堅持。

2. 學行亦出世亦入世

佛教進入中國之後，在思想內容、修行方法等方面，逐步地產生不同的變化，而佛教在晉代時的一個最重要的變化，就是由原來較注重的出世轉向

〔註82〕同註79。

〔註83〕同註68，頁167。

〔註84〕據《晉書・卷九十九・桓玄傳》，桓玄於安帝元興二年篡位，然「自篡盜至敗，時凡八旬」即遭人斬殺。慧遠《沙門不敬王者論》之五篇完成，據慧遠在跋後自署爲「晉元興三年」，逮文章面世，最快也是元興三年以後，故判斷桓玄未及見之。

主張既出世又入世，換言之，即是將出世與入世統一起來，而慧遠在這個轉化中，扮演著空前的腳色，慧遠的重要性，也就不能單從前述其理論觀點片面評斷。

與印度佛教對政治一般都持避而遠之〔註85〕的態度不同，晉代中國佛教在入世與出世問題上卻是另一番景象，慧遠的隱居生活與弘法方式，在東晉的社會背景下，無疑極具時代意義，無形中也影響其佛教思想。

《高僧傳・卷六・慧遠傳》稱慧遠「卜居廬阜（即廬山）三十餘年，影不出山，跡不入俗，每送客遊履，常以虎溪爲界焉」直至慧遠去世八十三歲止。

三十多年跡不出山的遁隱生活幾可謂前無古人、後無來者，不過，慧遠亦非獨修，廬山有僧團也有蓮社，〔註86〕〈慧遠傳〉中記載他與士人、政界人物的交往篇幅比敍述僧團活動還多。依僧傳所言，與慧遠交往的士人，著名者有如宗炳、謝靈運、雷次宗、周續之、劉遺民等，重要的政治人物也不少，像東晉安帝、後秦主姚興、司徒（後爲中書令）王謐、荊州刺史殷仲堪、江州刺史桓伊、鎮南將軍何無忌、桓玄、劉宋劉裕及以信奉道教的亂民領袖盧循。這一群政治人物之間關係非常錯綜複雜，甚至有些是處於敵對狀態，〔註87〕慧遠竟然能夠一一予以適當應對接待，顯示他有不凡的智慧。最重要的是慧遠能夠得到上述各人的尊重，這就不是靠長袖善舞手腕賴以贏得。

在眾多與慧遠往來的政界中，桓玄應是值得注意的一個。據〈慧遠傳〉，桓玄自在廬山見過慧遠後，雖對慧遠心存敬意，但是仍多次去函試探、挑戰慧遠的佛教立場，《弘明集》卷十一、十二分別收了桓玄勸慧遠罷道書（欲慧遠還俗從政）、徵詢慧遠汰簡僧眾〔註88〕及沙門敬拜王者意見，面對桓玄的舉

〔註85〕賴永海在《佛學與儒學》裡說，古印度佛教徒涉足官場、干預朝政之事未曾有過，不但如此，佛教徒還極力避免與官方發生聯繫，這在大小乘皆然。小乘尤其標榜絕俗棄世、不問世事，大乘也把世間看成是因緣而起、稍縱即逝的假相。見該書頁94、95。

〔註86〕「蓮社」一詞是自宋・志磐《佛祖統紀》以後的稱法，湯用彤《漢魏兩晉南北朝佛教史》認係附會之說，實際上據《高僧傳・慧遠傳》知，慧遠曾建精舍與眾居士共修，誓願往生西方。

〔註87〕姚興是外族帝王，與東晉爲敵；安帝是東晉正朔，卻曾遭挾持廢位，合謀亂上者即桓玄、殷仲堪，但兩人又互相猜忌，結果殷被桓玄殺害；桓玄雖一度篡奪帝位，最後也難逃一死，討伐他的正是劉裕與何無忌；劉裕又曾率兵勦平盧循領導的五斗米教。

〔註88〕桓玄寫給慧遠有關料簡沙門的信已亡佚，《弘明集》卷十二只收了慧遠的覆書〈論料簡沙門〉。

措和東晉的時代環境，本文認為慧遠不能不想到他的老師道安的感慨以及鳩摩羅什的無奈。

漢魏時佛教尚未成氣候，對王權不構成威脅，兩晉佛教開始生根滋長，佛教徒自然與帝王上層漸行漸近，不過政教之間關係微妙矛盾，道安即曾興歎「不依國主，則法事難立」，〔註89〕道出獨立弘法的窘境。《高僧傳・卷二・鳩摩羅什傳》記述姚興因過分賞識羅什才學，竟強迫他娶妻妾十人，頗違出家人初衷。

道安是慧遠恩師，羅什與慧遠關係緊密，不會不知二人情境，但是道安、羅什遭遇與王者之間困難時，只有消極面對，慧遠則思索佛教要與統治階層建立何種互動關係？慧遠必然意識到，欲使佛教在中國受容，一定得尋求王者與士人支持，但是喚起世人了解佛教價值、尊重佛教，才能使佛教有永續存在的可能。這或可解釋慧遠何以一方面與知識份子上層人士保持「若即若離」交遊態度，一方面又謹守分際，三十餘年隱居廬山並嚴整僧團德風。

以沙門敬王一事為例，從僧傳得知，東晉朝中不乏與慧遠師友相交的士大夫，也有不奉佛但欽慕慧遠行跡的人物，他們對佛法未必有深刻體認，卻可能形成一股護佛勢力，導致桓玄遭遇強烈反對而作罷。

再從慧遠答覆桓玄、寫出《沙門不敬王者論》內容來看，慧遠竭力在出世與入世、方內與方外，真與俗之間找出平衡點，以凸顯佛法放諸四海皆準的價值，俾使世人了解、接受佛法，關於此部份理論，本文已述如前，不再重覆。

勞思光在《中國哲學史》指出，慧遠思想駁雜，就佛學理論而言，貢獻不大，對佛教本身精要往往不能掌握。〔註90〕或許正因為慧遠學行表現出特具的時代性意義，不同於其他埋首譯經注釋的高僧大師，才能在東晉展現出殊異於印度的中國佛教面貌，這也是慧遠貢獻所在。

第四節　東晉佛教「形神果報」的中國化

中國以儒學為宗，佛教若要「大化流播」，不僅得把名教與佛教結合起來，以取得士大夫族群信仰，亦必須對佛教某些思想理論作出修正，以符合社會

〔註89〕《高僧傳・卷五・道安傳》《大正藏》五十冊，頁 352。
〔註90〕勞思光《中國哲學史》，頁 256～259。

士庶各階層需要，從《弘明集》內容來看，晉代佛教與中國文化的衝突與融合，主要除了「沙門敬王」問題外，在哲學思想上，尚有生死形神、因果報應之爭。

一、形神問題

1. 晉代形神議題的發生背景

　　本文第四章已述及佛教自東漢起，在形神方面即被視爲與中土人死後爲鬼之習俗信仰一致，袁宏《後漢紀》卷十載當時人對佛教此類問題之看法，云：

> 以爲人死精神不滅，隨復受形，生時所行善惡，皆有報應，故所貴
> 行善修道，以鍊精神而不已，以至無爲而得爲佛也。

這裡可看出佛教初傳時，爲了傳法之便，與當時民間信仰結合，宣揚神不滅與善惡報應觀念。同時，由〈理惑論〉中也知部分儒家人士曾對佛教此種觀念表示責難，〔註91〕這是有關神滅不滅問題最初爭論的肇因，不過。〈理惑論〉對此是採調合立場，稱儒家也是主張神不滅，故彼此並不衝突。〔註92〕

　　晉代佛教除了般若學外，也承襲了初傳時神不滅及輪迴報應觀念的討論。

　　晉代是一個社會動盪的時代，也是宗教氣氛瀰漫的時代，一般人普遍具有人死神不滅的想法，這由當時志怪小說的流行可以看出，如干寶《搜神記》、陶淵明《搜神錄》、劉義慶《宣驗記》、《幽明錄》、王延秀《感應傳》等，〔註93〕均是採撅世俗鬼神、輪迴報應傳說；志怪小說在晉代充斥的情形，使得《晉書》都不得不將之引進編入。〔註94〕在這種思潮背景下，另有一些人持反對意見，

〔註91〕〈理惑論〉第十三問：「問曰：『孔子云未能事人，焉能事鬼？未知生焉知死？此聖人之所紀也。今佛教輒說生死之事，鬼神之務，非殆非聖哲之語也。夫履道者，當虛無澹泊，歸志質朴，何爲乃道生死以亂志，說鬼神之餘事乎？』」《弘明集》卷一，《大正藏》五十二冊頁3。

〔註92〕牟子答：「若子之言，所謂見外未識內者也，孔子疾子路不問本末，以此抑之耳。孝經曰：爲之宗廟，以鬼享之，春秋祭祀，以時思之。又曰：生事愛敬，死事哀感。豈不教人事鬼神、知生死哉？周公爲武王請命曰：旦多才多藝，能事鬼神。夫何爲也？佛經所說生死之趣，非此類乎？」牟子認爲孔子並不否定有神，只是以生爲本，以鬼爲末，牟子又引《孝經》、《尚書》祭祀之事證明儒家也承認神不滅。

〔註93〕參考葉慶炳著《中國文學史》第十四講〈魏晉南北朝小說〉，頁218～260。

〔註94〕如《晉書》卷四十九有關阮修、阮瞻論無鬼之事，即同樣出現在《搜神記》卷十六。另外，劉知幾《史通・卷五・採撰篇》更曰：「晉世雜書諒非一族，

如阮瞻不信鬼、阮修執無鬼論，〔註95〕然其內容已不可詳考。

　　隨著人死爲鬼觀念的流行，東晉以後佛教發展日盛，但對佛教信仰的了解，仍不離生死報應觀念，不過據《弘明集》〈正誣論〉、〈釋駁論〉記載，當時僧門風氣不佳，亂政違俗，〔註96〕反佛言論也逐漸滋生，對佛教教理方面的駁斥，亦承鬼神報應觀念的流行走向形神輪迴問題的爭論。以下即依《弘明集》中有關東晉神滅與神不滅之論加以析述。

2. 東晉神滅不滅之重要論辯

　　東晉時期主張形謝神滅或形盡神不滅者均有兩種情形，一是沿襲前代死後有神、無神說加以爭辯，如羅含、孫盛。一是將矛頭指向佛教，此之神滅論已成爲反佛言論內容之一，如《沙門不敬王者論・形盡神不滅》之設問者；相對於此而持神不滅者，則爲護佛人士，如慧遠便是。

（1）羅　含

　　《弘明集》卷五收有羅含〈更生論〉，〔註97〕主張神不滅。羅含字君章，《晉書・卷九十二・羅含傳》謂其與謝尚爲方外之好，謝氏信佛，羅含是否受到影響而著〈更生論〉以證人死神不滅？無法知悉。〔註98〕然而，〈更生論〉很難說是爲闡揚佛教思想而作，因爲文化並未牽涉佛學術語、義理、經典；非但如此，〈更生論〉起始即引向秀《莊子注》文句，〔註99〕在闡釋過人物可更生，聚之必散、散之必聚的理道後下結論曰：

　　　達觀者所以齊死生，亦云死生爲寤寐，誠哉是言！

因此之故，有人認爲羅含作〈更生論〉，其企圖實乃「神不滅」的說法，做爲

若語林、世說、幽明錄、搜神記之徒，其所載或詼諧小辯，或神鬼怪物，其事非聖，揚雄所不觀，其言亂神，宣尼所不語，皇朝新撰晉史，多採以爲書。」

〔註95〕　《晉書・卷四十九・阮瞻傳》：「瞻素執無鬼論，物莫能難，每自謂此理可以辯正幽明。」《晉書・卷四十九・阮修傳》：「嘗有論鬼神有無者，皆以人死者有鬼，獨修以爲無。」

〔註96〕　《弘明集・卷一・正誣論》中提到：「道人（指僧侶）聚斂百姓，大搆塔寺，華飾奢靡，費而無益。」《弘明集・卷六・釋駁論》通篇更嚴厲批評佛教如：「世有五橫，沙門處一焉。……斯皆傷教亂正，大敗風俗。」

〔註97〕　《大正藏》五十二冊，頁27。

〔註98〕　黃盛璟《從弘明集看魏晉南北朝儒釋道三家的皆應》，頁115指出〈更生論〉係羅含受好友謝尚信佛影響而撰成，以伸佛教神不滅思想。

〔註99〕　羅含〈更生論〉：「善哉，向生之言，曰天者何？萬物之總名。人者何？天中之一物」。同註96。

莊子「齊死生」的一個論據。〔註100〕

　　姑且拋開宗門派別的歸屬，〈更生論〉內容主要由兩方說明萬物更生之理：

　　第一：天地無盡，而萬物有數，若萬物不更生則天地有終。〔註101〕

　　第二：群神變化，仍不失舊體；離合聚散只是形質之變，神則有常性，所以天地雖大，渾而不亂。〔註102〕

　　羅含還引用《易‧繫辭下》「窮神知化」證明人物有定數，只不過，他把「神」解釋成「靈魂精神」，並不符《易經》原意。同時，羅含也未釐析「神」的主體層次究竟是「氣」？抑屬形而上的本體？但綜合羅含引易傳、莊子、郭象向秀語句，可以看出其所具之時代精神意義。

（2）孫　盛〔註103〕

　　羅含作〈更生論〉後，遭孫盛質疑，《弘明集》卷五收了孫盛〈與羅君章書〉之短文，其言云：

　　　　吾謂形即粉散，知亦如之，紛錯混淆化爲異物，他物各失其舊，非

　　　　復昔日，此有情者所以悲歎。〔註104〕

孫盛所說的「知」就是指「神」。依孫盛意思，形即亡散，神亦隨之，縱然他物新生，也不復同往日。

　　羅含接獲孫盛意見後，又修書答覆孫盛，要點在設定物有不變之舊體，〔註105〕因此，物雖有更生變化，但作爲基本的舊體不變。

　　《晉書》本傳謂孫盛「善言名理，于時殷浩擅名一時，與抗辯者，唯盛

〔註100〕見張振華《六朝神滅不滅問題之論爭》，頁 18。該文爲台大七十三年中文所碩士論文。有關羅含〈更生論〉中之推論，該文並詳引康德《純粹理性批判》一書中「時空有限與無限」邏輯加以評析。

〔註101〕羅含〈更生論〉曰：「今萬物有數而天地無窮，然則無窮之變，未始出於萬物。萬物不更生，則天地有終矣，天地不爲有終，則更生可知矣。」《弘明集》卷五，《大正藏》五十二冊，頁27。

〔註102〕羅含〈更生論〉曰：「是則人物有定數，彼我有成分，有不可滅而爲無，彼不得化而爲我，聚散隱顯，環轉我無窮之塗。……又神之與質，自然之偶也，偶有離合，死生之變也，質有聚散，往復之勢也。人物變化，各有其往，往有本分，故復有常物。……世皆悲合之必離，而莫慰離之必合：皆知聚之必散，而莫識散之必聚。」

〔註103〕孫盛字安國，《晉書》卷八十二有傳。《弘明集》卷五所收孫盛之文稱〈孫長沙書〉，乃因孟盛曾補長沙太守。

〔註104〕《大正藏》五十二冊，頁27。

〔註105〕同註102。羅含曰：「化者各自得其所化，頹者亦不失其舊體。」

而已」。推知孫盛與羅含的論辯應是在玄談的背景下產生，雖然二人對神滅不滅議題並無明顯邏輯架構，卻可看出形神問題在當時已成為名理談辯內容之一。有關神滅不滅的論辯，文獻中以羅含與孫盛之文為最早。在此之前，神滅、神不滅只是各人主張，而無主客對立專篇討論，故具不可忽視之價值。

（3）慧　遠

前述羅含之〈更生論〉可說是東晉初步的神不滅思想理論，到慧遠時，對此問題的探討比起羅含則較詳細、深入。

慧遠的神不滅觀念主要見於《弘明集・卷五・沙門不敬王者論》連續五篇文章中的第五篇〈形盡神不滅〉，其他如〈求宗不順化〉等也有一些論述，本文依《弘明集》所載為據，一窺慧遠說法。

〈形盡神不滅〉的形式是慧遠自設問難的一方，象徵當時主張神滅論者，向慧遠提出質問、論辯形神關係，然後由慧遠加以答辯。

神滅論者的論點是立足於本文第四章第四節所說的傳統氣論，其要義有兩項：〔註106〕

第一：神雖精妙，依然只是陰陽之氣所化。

第二：神與形既然同為一氣所化（精神者神、粗者為形），自應同聚同散，故形盡則神滅。

慧遠的回答內容則有以下幾點值得注意：

第一：借用《易傳》闡明「神」的含義是形而上、不可依常識去理解：

> 夫神者何耶？精極而為靈者也。精極則非卦象之所圖，故聖人以妙物而為言，雖有上智，猶不能定其體狀、窮其幽致，而談者以常識生疑，多同自亂，其為誣也，亦已深矣。將欲言之，是乃言夫不可言。今於不可言之中復相與而依稀。神也者，圓應無生（或作無主），妙盡無名，感物而動，假數而行。感物而非物，故物化而不滅；假數而非數，故數盡而不窮。〔註107〕

〔註106〕原文見《弘明集・卷五・沙門不敬不者論形盡神不滅》問曰：……夫稟氣極於一生，生盡則消液同無。神雖妙物，故是陰陽之所化耳。既化而為生，又化而為死；既聚而為始，又散而為終。因此而推，固知神形俱化，原無異統，精粗一氣，始終同宅。宅全則氣聚而有靈，宅毀則氣散而照滅；散則反所受於天本，滅則復歸於無物。反復終窮，皆自然之數耳。《大正藏》五十二冊，頁31。

〔註107〕同註105。

慧遠認爲「神」是屬於極其精妙難以描述和規限的存在；同時，神是無主、無名、非物、非數，它運變無窮、應萬物而自身沒有主體。在此段中，慧遠借用了《易傳》裡的神明觀念，〔註108〕不過，《周易》的神並不是指人死後靈魂存在的狀態，而是類似莊子之精神，慧遠借其意，乃以極言神之妙並區別神、形不屬同一層面。

第二：援引道家之理論，增添神不滅說服力：

> 莊子發玄音於大宗曰：大塊勞我以生、息我以死。又以生爲人羈、死爲反眞。此所謂知生爲大患，以無生爲反本者。文子稱黃帝之言曰：形有靡而神不化，以不化乘化，其變無窮……此所謂知生不盡於一化，方逐物而不反者也。二字之論，雖未究其實，亦嘗傍宗而有聞焉。論者不尋（無）方生死〔註109〕之說，而惑聚散於一化，不思神道有妙物之靈，而謂精粗同盡，不亦悲乎！〔註110〕

從《高僧傳·慧遠傳》可知慧遠深受道家影響，故在此處，慧遠特別引用老子、〔註111〕莊子〔註112〕關於以生命爲大患、形體爲寄託和文子〔註113〕的形滅神不化的說法來論證自己的神不滅思想。

第三：引用莊子薪盡火傳之譬喻，說明形盡神不滅與輪迴的可能：

> 火之傳於薪，猶神之傳於形；火之傳異薪，猶神之傳異形。前薪非後薪，則知指窮之術妙；前形而後形，則悟情數之感深。惑者見形朽於一生，便以爲神情俱喪，猶睹火窮於一木，謂終期都盡耳。〔註114〕

「木朽火滅」本是主張神滅論者引用的比喻，〔註115〕因有漏洞（詳見第四章

〔註108〕《易·說卦傳》：「神也者，妙萬物而爲言者也。」《易·繫辭上》：「陰陽不測之謂神」又云：「神無方而易無體」。

〔註109〕此處有二解，一是當作「方生方死之說」，一是「無方」指神無所方；「無方生死」意思是神無生死。參見方立天《慧遠及其佛學》，頁63。

〔註110〕同註105。

〔註111〕《老子》第十三章：「吾所以有大患者，爲吾有身。」

〔註112〕《莊子·大宗師》：「夫大塊載我以形，勞我以生，佚我以老，息我以死。」載我以形，即是賦予形體使我有所寄託之意。另外，〈大宗師〉又云：「嗟來桑戶乎！嗟來桑戶乎！而（汝）已反其眞，而我猶爲人猗（羈）。」

〔註113〕《文子·守朴篇》：「故形有靡而神未嘗化，以不化應化，千變萬轉而未始有極。」「靡」是「滅」之意，化指變化。

〔註114〕《大正藏》五十二冊，頁32。

〔註115〕「薪盡火傳」源於《莊子·養生主》，後來桓譚《新論·形神》、王充《論衡·論死篇》都以燭（薪）盡火滅的比喻說明形神關係、論證無神思想。

第四節），反被慧遠改造成「薪盡火傳」來解釋靈魂輪迴。只是莊子當初言薪盡火傳，原爲解開人對死亡的恐懼，並非存有輪迴觀念。

在上述〈形盡神不滅〉第一項分析裡，慧遠主張神不滅中的「神」似是超然物外、不生不滅的存在，與佛性、法性、涅槃義近；〔註116〕但是第三項中，以火傳爲喻的神，又被形容成現象世界生死流轉的主體，因此，慧遠講「神」的概念可謂是多義性的。再參酌慧遠《沙門不敬王者論》以外的著作，可知慧遠基本思想中的「法性」是絕對眞實的，〔註117〕慧遠亦從「法性實有」這一觀念出發來理解形神關係，主張神不滅，因此被認爲沒有眞正契入般若性空義理，遭到鳩摩羅什批評。〔註118〕既然慧遠神不滅觀不符印度佛學本意，經羅什批駁後，慧遠並未改變自身立場，那麼慧遠在形神問題上的價值何在呢？本文試作以下析述：

3. 慧遠神不滅的中國化意義

（1）「神魂不滅」本是中國祖先崇拜的傳統信仰，但是對「神」的性質、功能卻乏具體定義。佛教小乘有部、犢子部和大乘涅槃、唯識等派別雖作解釋（見本文第四章第四節），形象依然模糊，至於佛教其他宗門，尤其是魏晉流行的大乘般若中觀學派，更持斷然否定態度。慧遠則比較細緻的論述神的意義及神與情、識的關係（見《弘明集‧卷五》〈形盡神不滅〉、〈求宗不順化〉、〈明報應論〉），對於精神的描寫比起以往人死變鬼要來得深化。是他把中國傳統與外來的思想加以結合，形成中國佛教特有的形神二元說和神不滅論，而此種思想方向，往後亦沒有發生重大變化。

（2）《高僧傳‧慧遠傳》顯示慧遠佛學思想駁雜，兼般若、毗曇、淨土，又擅玄、儒世學；他揉合老子、莊子、文子以及《易傳》的中國觀點提出形盡神不滅論，進一步探求精神與形體關係，而因能爲士大夫所接受，薪火之

〔註116〕《弘明集‧卷五‧沙門不敬王者論求宗不順化》有：「冥神絕境，故謂之泹泥」之語。「冥神」是使神達到一種不可知的超然情景，「絕境」即涅槃、泹泥。
〔註117〕慧遠曾作《法性論》，已佚，不過《法性論》思想散見其他文章中，例唐‧元康的《肇論疏》引到《法性論》幾句話：「問云：性空是法性乎？答曰：非。性空者，則所空而爲名，法性是法眞性，非空名也。」（《大正藏》四十五冊，頁165。）這說明慧遠將法性視爲實有，與性空不同。
〔註118〕從後人所輯慧遠與鳩摩羅什問答的《大乘大義章》看，鳩魔羅什對慧遠所持「四大」是「實」，「自性」是「有」，「法身」永存等觀點直指其錯誤，並斥慧遠「近乎戲論」，原因就在於這些觀點會直接導向有神論。見《大正藏》四十五冊《大乘大義章》（《即鳩摩羅什法師大義》）卷中問答。

喻自慧遠後亦成爲中國佛教有神論者有力的論證。雖然慧遠使用格義方式引玄、儒以爲助力，可能會因凸顯己意而歪曲老莊、《易傳》原意，但若不如此，而僅僅是站在佛教立場宣揚形神觀，必定與知識分子心理有距離，慧遠的作法有其超越前人之處。

二、果報問題

「果報」係指印度佛教的基本理論之一因果報應說，自漢代傳入後，〔註119〕到東晉時流行起來，許多知識分子已知道因果報應是佛教的根本教義，例如參與沙門不敬王者論爭辯的王謐在寫給桓玄的一封信中提到：「大設靈奇，示以報應。此最影響之實理，佛教之根要……」，〔註120〕果報問題也因此與形神問題同爲東晉思想界辯論重點之一。

1.〈三報論〉、〈明報應論〉的撰寫背景

根據史籍如《尚書》、《周易》、《春秋繁露》、《論衡》、《後漢書》等記載可知，〔註121〕中國原本就有類似因果報應思想存在，其特點是人死後變鬼、善惡報應多由天或鬼神主宰（並見本文第四章第四節）。不過，社會的現實，並不像傳統因果報應所顯示的善有善報、惡有惡報一般，人們對於吉凶禍福、貴賤貧富、生死夭壽因何而有？善惡與禍福何以不相應？傳統的觀念一直未予人滿意解答，因而曾引起一些思想家的懷疑，如司馬遷、王充等的批判，〔註122〕佛教則帶來了新鮮的理論，也就是有來生的三世報應說。但在東晉時，人們對此理論尚未充分理解，故仍常用傳統觀念比附，如信佛的孫

〔註119〕最早的佛經翻譯家東漢安世高，譯有宣揚因果報應說的《十八泥犁經》（《大正藏》十七冊，頁528～529）、《罪業應報教化地獄經》（《大正藏》十七冊450～451）、《阿難問事佛吉凶經》（《大正藏》十四冊，頁753～755）；牟子〈理惑論‧第十二問〉（《弘明集‧卷一》）即反應社會上有人受到佛教因果報應影響。

〔註120〕《弘明集‧卷十二》《大正藏》五十二冊，頁81。

〔註121〕《尚書‧皋陶謨》：「天命有德，五服五章哉！有討有罪，五刑五用哉！」《周易‧坤卦‧文言》：「積善之家必有餘慶，積不善之家必有餘殃。」《春秋繁露‧必人且知》：「災者，天之譴也，異者，天之威也。譴之而不知，乃畏之以威。」《論衡‧福虛篇》：「世論行善者福至，爲惡者禍來，禍福之應皆天也。」《後漢書‧烏桓傳》：「中國人死者魂神歸岱山（泰山的別稱）也。」

〔註122〕司馬遷在《史記‧伯夷列傳》中質問：「或曰：天道無親，常與善人。若伯夷、叔齊可謂善人者非邪？積仁絜行如此而餓死！……回（顏回）也屢空，糟糠不厭，而卒蚤天。天之報施善人，其何如哉？」王充在《論衡‧累害篇》也憤憤不平的說：「世俗之所謂賢潔者，未必非惡；所謂邪污者，未必非善也。」

綽在《喻道論》談到佛教報應時說：「歷觀古今禍福之證，皆有由緣」，例如：「陰謀之門子孫不昌，三世之將，道家明忌，斯非兵凶戰危，積殺之所致耶？」〔註123〕這依舊是傳統的報應論，不屬佛教的報應論，眞正對佛教因果報應作出準確解釋的是慧遠。

　　東晉時雖有許多學者結交方外之士，但也有反對佛教，且撰文加以攻擊，攻擊的事項，除了前述沙門應敬王者之外，還有沙門袒服，〔註124〕以及三世果報問題。

　　東晉的書畫家戴逵曾作〈釋疑論〉，〔註125〕反對報應說，主張命定論；他寫給慧遠弟子周續之的信中，指出報應之說於事實無徵；「或惡深而莫誅，或積善而禍臻，或履仁義而亡身，或行肆虐而降福」〔註126〕他認爲這些只能表示「分命定於冥初」。周續之作書答戴逵，謂冥冥中自有報應，〔註127〕但對佛教因果報應之說未能有系統論述；戴逵又寫信給慧遠，〔註128〕於是慧遠將已作〈三報論〉〔註129〕寄予戴逵，算是對佛教果報問題的正式說明。

　　至於〈明報應論〉〔註130〕則是桓玄對佛教因果報應提出質疑，〔註131〕慧遠寫了〈答桓南部〉（又稱〈明報應論〉），從形神關係、因果報應形成根源和怎樣不受報三方面回答桓玄問題。由上述可知因果報應在東晉士人間成了

〔註123〕《弘明集‧卷三》，《大正藏》五十二冊，頁16。
〔註124〕東晉時何無忌（何鎮南）曾與慧遠爭辯沙門袒服問題。僧人的依著原是袒露右肩，何無忌以中國傳統眼光看，認爲值得非議，爲此衣著問題，慧遠特地寫了〈沙門袒服論〉與〈答何鎮南難袒服論〉兩篇辯護，見《弘明集‧卷五》，《大正藏》冊五十二冊，頁32～33。
〔註125〕《廣弘明集‧卷十八》，《大正藏》五十二冊，頁221。
〔註126〕同註125。
〔註127〕見周續之（道祖）〈難釋疑論〉，《廣弘明集‧卷十八》，《大正藏》五十二冊，頁222。
〔註128〕戴逵寫過兩次信給慧遠，論及有關報應問題，收於《廣弘明集‧卷十八》，《大正藏》五十二冊，頁222、223。
〔註129〕《弘明集‧卷五》，《大正藏》五十二冊，頁34。
〔註130〕《弘明集‧卷五》，《大正藏》五十二冊，頁33～34。
〔註131〕同註130。〈明報應論〉引桓玄問曰：「佛經以殺生罪重，地獄斯罰，冥科幽司，應若影響。余有疑焉，何者？夫四大之體，即地、水、火、風耳，結而成身，以爲神宅，寄生栖照，津暢明識，雖托之以存，而其理天絕。豈唯精粗之間，固亦受傷之地，滅之既無害于神，亦由天地間水火耳。」桓玄認爲由地水火風結成之形體，是神明的住宅，消滅形體就和破壞地水火風一樣，不會傷害神明，即不等於殺生，故應無罪惡報應。另外，桓玄還說人類有受欲情應，是合乎自然的，也不該引起報應。

一個議題。

2. 慧遠三世果報說主要內容

慧遠對因果報應說展開了多方面論證，其重點有如下述：

> 夫因緣之所感，變化之所生，豈不由其道哉！無明爲惑網之淵，貪愛爲眾累之府，二理俱遊冥爲神用，吉凶悔吝，唯此之動。無明掩其照，故情想凝滯於外物，貪愛流其性，故四大結而成形，形結則彼我有封，情滯則善惡有主。有封於彼我，則私其身而身不忘；有主於善惡，則戀其身而不絕。〔註132〕

慧遠在此解釋三世果報根源。若再綜合前面〈形盡神不滅〉一文，可知慧遠認爲「神」本是不生不滅、圓應無缺，感物而動，不失空寂，但因眾生無明，〔註133〕故使神在感應外物時萌生我執貪愛之情，失其圓照本性（前述慧遠以火薪爲喻的神，即是指滯於情的神而言），從而使善惡果報有了承擔主體（地水火風結成形體），導致生命輪迴不絕，因此便有三世果報。

慧遠再據佛經所言人有三業、〔註134〕業有三報和生有三世闡發因果報應說的基本理論：

> 經說〔註135〕業有三報：一曰現報，一曰生報，三曰後報。現報者，善惡始於化身，即此身受。生報者，來生便受。後報者，或經二生三生千生，然後乃受。受之無主，必由於心。心無定司，感事而應，應有遲速，故報有先後，先後雖異，咸隨所遇而爲對，對有強弱，故輕重不同。斯乃自然之賞罰，三報之大異也。〔註136〕

慧遠以感應解釋三世果報，果報又以心爲基礎，意即人是通過心來受報應，

〔註132〕《弘明集·卷五·明報應論》，《大正藏》五十二冊，頁33。

〔註133〕慧遠是以佛教教義中心「十二因緣」論來解釋生死輪迴，以爲「生」是以情爲緣，即是以貪愛爲緣。所以「有情」眾生才有生死流轉。所謂的十二緣起是指：「無明」緣「行」，行緣「識」，識緣「名色」，名色緣「六處」，六處緣「觸」，觸緣「受」，受緣「愛」，愛緣「取」，取緣「有」，有緣「生」，生緣「老病死」。參見《大正藏》三十冊《中論·觀十二因緣品》。

〔註134〕根據一般佛教辭典，三業有多種解釋，如身、口、意三業；善業、惡業、無記業；福業、非福業、不動業；以及漏業、無漏業、非漏非無漏業。核照本文之意，應採前兩種解釋較妥。

〔註135〕慧遠此處所指的「經說」，應是《阿毗曇心論》卷一所說「若業現法報，次受於生報，後報亦復然。」《大正藏》二十八冊，頁814。

〔註136〕同註129。

而心對事物有所感受才有反應，感應有快慢，報應也就有先後，故不限於前世或今生。

依照〈三報論〉的說法，以往人們對命運報應難以解答的疑問，如今都迎刃而解，譬如：「世或有積善而殃集，或有凶邪而致慶，此皆現業未就而前行始應」，〔註 137〕「倚伏之契，定於在昔，冥符告命，潛相迴換」，〔註 138〕昔業各不同，故出現「善惡之報舛互而兩行」的矛盾現象，實則昔業今應、今業後應，俗言「不是不報，時辰未到」，善惡遲早必有其報，絲毫不爽。

任繼愈所編《中國哲學發展史》提到慧遠論三世報應有兩大特點，〔註 139〕一是說法極為靈活，不受時間限制。二是報應無主使，乃由心感於事而生。如此，佛教三世果報說可以對不合理的現實作出合理的解釋，也可以給人們爭取未來幸福提供機會，比起傳統宿命論圓融得多，因而對世人具有更大吸引力。

撇開慧遠思想理論系統是否正確而言，從宗教角度來看，慧遠的三世果報說在〈形盡神不滅〉、〈明報應論〉、〈三報論〉中的確建立了鮮明的框架，極易激發信仰熱情。方立天先生論及慧遠思想特質時則說：「他的思想主要集中在人們所提出的質難，即神不滅論、因果報應和沙不敬王者論等問題上，並且也使他的佛教思想具有論戰性質，由此表現出強烈的現實性和針對性。這種情況是和那些只知一味誦讀或埋頭注釋佛教經典的名僧大師迥然異趣的。」〔註 140〕所謂的現實性、針對性，本文以為應是指慧遠在「內外之道（佛與儒）可合而明」〔註 141〕的價值觀努力上，換言之，慧遠的整理用心並不純然如其他譯師義師一般放在理論的建立，而是希望透過宗教的道德力量有助於社會政治的教化，這一點也是佛教的因果報應說在慧遠闡析後所顯發出的中國佛教特色。

3. 佛教果報說的中國化意義

從《弘明集》裡可以看出一個現象，儒家思想常常與佛教教義發生抵觸，而慧遠總是竭立調合兩者矛盾，沙門應否敬王問題是一例，因果報應說也是

〔註 137〕同註 129。
〔註 138〕同註 129。
〔註 139〕任繼愈主編《中國哲學發展史》，頁 848～849。
〔註 140〕方立天著《慧遠及其佛學》，頁 172。
〔註 141〕《沙門不敬王者論・體極不兼應》見《弘明集》卷五，《大正藏》五十二冊，頁 31。

如此，慧遠雖然每次宣說出家在家立場有所不同，但儒、佛二教彼此的目的則是一致；沙門敬王爭論中，慧遠強調佛教、名教不相違悖，至於因果報應與儒家禮教的關係，慧遠也加以溝通，他說：

> 因親以教愛，使民知其有自然之恩；因嚴以教敬，使民知有自然之重。二者之來，實由冥應，應不在今，則宜尋其本。故以罪對爲刑罰，使懼而後慎；以天堂爲爵賞，使悅而後動；此皆即其影響之報，而明於教。〔註142〕

這是申述因果報應和禮法制度是相通的，指對世俗社會來說，受親之德而愛，沾君之惠而敬，也是冥冥中的報應。同時，慧遠又從宗教立場論證九品制度存在的原因，〔註143〕認爲人所作的善惡，是逐漸積累增加而達到頂點，其間就有九品區別，九品不是今生而是前世所作的善惡報應結果。這樣，佛教的三世果報似爲九品制度提供了理論依據。

　　建立在神不滅基礎上的現報、生報、後報，禍福相襲，報應可達二生、三生乃至百生、千生，人們自然不敢不去惡從善。不過善惡是有標準的，東晉一位篤信佛法的名士郗超著有〈奉法要〉，〔註144〕提倡善惡標準應遵守佛教最基本的五戒十善，犯者不僅不能得渡彼岸，而且還要墮地獄受報應。〔註145〕五戒相當於儒家五常，〔註146〕郗超在文中勸導「忠孝之士，務加勉勵」，俾能「終免罪苦」，可知郗超亦以宗教戒律提升倫理教化，與慧遠立場一致。

　　劉宋的何尚之，很了解佛教五戒十善的作用與神不滅論、報應說的意義，他對宋文帝說，慧遠講過：「釋氏之化，無所不可，適道固自教源，濟俗亦爲要務，世主若能窮其訛僞，獎其驗實，與皇之政並行四海，幽顯協力共敦黎庶，何成、康、文、景獨可奇哉？使周漢之初，復兼此化，頌作刑清，倍當速耳。」〔註147〕他認爲慧遠此言「有契理奧」，原因何在？因爲人們若懂得神

〔註142〕《弘明集・卷五・沙門不敬王者論在家第一》《大正藏》五十二冊，頁30。

〔註143〕《弘明集・卷五・三報論》：「夫善惡之興，由其有漸，漸以之極，則有九品之論。凡在九品，非其現報之所攝。」《大正藏》五十二冊，頁34。

〔註144〕郗超一字嘉賓，生平見《晉書・卷六十七・郗超傳》。郗超生年不詳，死於其父郗愔卒年太元九年（384）之前。

〔註145〕《大正藏》五十二冊，頁86。

〔註146〕佛家五戒指殺、盜、淫、妄、酒，儒家五常指仁、義、禮、智、信。歷來有許多人主張五戒五常一致論，如顏之推、魏收、沈約、道世、宗密、契嵩等，詳見道端良秀著《佛教與儒家倫理》，頁53～66。

〔註147〕《弘明集・卷十一・何尚之答宋文皇帝讚揚佛教事》《大正藏》五十二冊，頁

不滅、因果報應的存在，便都會去持五戒、修十善，「百家之鄉，十人持五戒，則十人淳謹矣；千室之邑，百人修十善，則百人和厚矣。傳此風訓，以遍宇內，編戶千萬。」〔註148〕則可達到儒家所要求的「仁人百萬矣」。即使持一戒一善也能去一惡，「一惡既去，則息一刑。一刑息於家，則萬刑息於國，四百之獄何足難錯？雅頌之興，理宜倍速，即陛下所謂坐致太平者也。」〔註149〕總之，這段話的用意是佛教有助於儒家教化，能使統治者坐致太平。宋文帝聽後很稱讚何尚之，對他說：「釋門有卿，亦猶孔氏之有季路。」〔註150〕

此外，前文提過作於東晉佚民的〈正誣論〉，亦將佛、儒串連起來說：「今所以得佛者，改惡從善故也。若長惡不悛，迷而後遂往，則長夜受苦，輪轉五道，而無解脫之由矣」，〔註151〕而儒家倫理正是最好的佛法體現：「佛與周孔但共明忠孝信順，從之者吉，背之者凶。」〔註152〕合併這兩段意思就是違反忠孝信順，長惡不悛，將會受到輪迴報應；遵守忠孝信順，修善不已，則可成佛。

從上引種種敍述可知，晉代篤信佛教的方內、方外人士，是採兼容並蓄的態度，將佛教的三世果報與中國原有的靈魂不滅和傳統報應思想結合起來，形成一個中國化佛教體系；同時，又大量吸收儒家、道家的語言、學說來論證佛理，進而互相補充、融合，這是佛教傳至東晉時的發展趨勢，也呈顯出中國佛教果報思想的特質。

小　結

綜觀兩晉佛教的演變，可以看出其趨勢是從漢魏方術性走向學理化，僧團封閉性走向社會化，從民間性走向官方合法化。這一演變既是漢魏以來急劇變動的社會現實與思想現實所促成的宗教改革產物，也是印度佛教在中土深固的傳統文化與政治壓力下所作出的自我調整。在這一調整過程中，佛教試圖進一步擴大其影響，不免和道教、儒家發生衝突，然而，佛教此期與道教衝突局面較小，至於晉代佛教與中國傳統儒家思想的紛爭內容，依《弘明集》看來，則是從沙門應否敬王的禮制問題進一層深化爲哲學性的形神果報

69。
〔註148〕同註147。
〔註149〕同註147。
〔註150〕同註147，頁70。
〔註151〕《弘明集‧卷一‧正誣論》《大正藏》五十二冊，頁7。
〔註152〕頁註151，頁8。

問題，東晉以後以迄南朝，爭論的方向也因此明顯地分向兩個領域展開，一是外來文化與傳統政治、倫理觀念上的差異，二是中國佛教信仰者與中國思想家在哲學理論上的對立（詳見下一章）。

　　另一方面，晉代中國佛教信仰者在面對上述論辯的同時，頗能巧妙地以本土文化修飾佛教教義，並改善政教關係，以取得傳統文化與政治的認同，這種調整步調的作法，不僅為佛教在中國的往後發展創造了有利條件，也使佛教的中國化具有實踐的可能，因此，佛教中國化的進程可謂始自晉代正式邁出，進而迎來南朝佛教發展的新高點，並隨之走向隋唐佛教盛世，終於確立在中國社會中的重要地位，其間，兩晉是一個重要的轉折期。

第六章　南朝佛教中國化之論爭

　　東晉之後，佛學大師輩出，南有慧遠、竺道生，北有鳩摩羅什、僧肇；大乘義理風行，佛教日趨興盛，及至南朝，佛教「自帝王至于民庶，莫不歸心，經誥充積，訓義深遠，別爲一家之學焉。」〔註1〕清楚表明佛教此期已具有一席之地的獨立地位，形式上與儒、道鼎足而三，互相競賽，爭取人們選擇，也就引發了三教的論辯，寫出另一頁百家爭鳴的盛況。

第一節　南朝佛教特質

一、帝王多崇拜

　　自東晉以來，文人名士相趨信佛〔註2〕是信仰佛教的主要社會基礎（參見本文第五章），與士族相聯繫的帝王也時有奉佛者，其中最有名之例，即是《弘明集》所記載的東晉明帝，「手畫如來之容，口味三昧之旨」。〔註3〕在北方十六國的君主，亦多擁護佛教。〔註4〕南朝以後，皇室成員因自幼耳

〔註1〕《宋書‧卷九十七‧天竺迦毗黎國傳》。
〔註2〕晉室南渡後，文人名士信佛風氣可從何尚之答宋文帝之言看出：「渡江以來，則王導、周顗，宰輔之冠蓋；王濛、謝尚，人倫之羽儀；郗超、王坦、王恭、王謐，或號絕倫，或稱獨步，詔氣貞情，又爲物表；郭文、謝敷、戴逵等，皆置心天人之際，抗身煙霞之間；亡高祖兄弟以清識軌世；王元琳昆季以才華冠朝；其餘范旺、孫綽、張玄、殷顗，略數十人，靡非時俊。」除上述之人外，其他碩學之士而歸依佛教者，尚有謝靈運、宗炳等人。《弘明集》卷十一，《大正藏》五十二冊，頁69。
〔註3〕《弘明集‧卷十二‧習鑿齒與釋道安書》，《大正藏》五十二冊，頁76。
〔註4〕根據《高僧傳》可知，後趙的石勒、石虎推崇名僧佛圖澄，前秦符堅曾請道安到長安講道，後秦姚興請鳩摩羅什到長安譯經。

濡目染,獎勵佛教並重玄理更是普遍現象;〔註5〕從《弘明集》可知,南朝佛教之昌隆,與上層在位者的重視和提倡有絕對之關係,這些崇尚佛教的帝王也因此對推動佛教中國化起了極為巨大的作用。本文據《弘明集》所載錄者加以陳述:

1. 宋文帝

宋文帝劉義隆對三教都不排斥,其中尤為支持佛教,對佛教在精神上和政治上的功用都作了高度肯定,如《弘明集》裡有一段很有趣的記述,是宋文帝對臣子何尚之說:

> 吾少不讀經,比復無暇。三世因果,未辨致懷,而復不敢立異者,正以前達及卿輩時秀,率皆敬信故也。范泰、謝靈運每云,六經典文,本文在濟俗為治耳,必求性靈真奧,豈得不以佛經為指南耶?〔註6〕

這一段表示宋文帝本來不信佛,但卻不敢唱反調,因為見到有許多士人信佛,而那些信佛的賢達說,儒家的六經只用於「濟俗為治」,若要追求深一層的精神境界,就不能不以佛經為依歸。他從而得出結論,即使普天之人都能信仰佛教,即有利於社會安定,那麼皇帝就可以坐致太平、高枕無憂了:

> 若使率土之濱皆純此化,則吾坐致太平,夫復何事?〔註7〕

對於這種想法,再經過何尚之的附和引申之後,宋文帝便產生對佛教的信心而決意信佛了。其次,也因文帝崇佛之故,當何承天、宗炳、顏延之為了慧琳〈白黑論〉而論戰不休時,宋文帝表示贊同宗炳、顏延之的論點。(詳本章下一節)

士族信佛影響了皇室,而帝王的敬奉,又帶動了朝官、士大夫,造成南朝宋元嘉時佛教大盛,《弘明集》中所記載劉宋時有名者如南郡王義宣、〔註8〕范泰、何尚之、謝靈運、顏延之、宗炳等,均崇仰佛教,到了齊竟陵王、梁武帝時,信佛幾乎成為上層社會的象徵。

〔註5〕 有關南朝諸王與佛教之密切,詳見湯用彤《漢魏兩晉南北朝佛教史》第十三章〈佛教之南統〉。

〔註6〕 《弘明集·卷十一·何尚之答宋文皇帝讚揚佛教事》,《大正藏》五十二冊,頁69。

〔註7〕 同註6。

〔註8〕 《弘明集》卷十二載有譙王〈與張新安論孔釋書〉,張新安亦有〈答譙王論孔釋書〉,據嚴可均《全宋文》所考,譙王即是南郡王劉義宣(《宋書》卷六十八有傳),張新安即張鏡,二人書信往來皆在宋代。

2. 齊竟陵王

　　蕭齊王室，同佛教有相當淵源，而齊竟陵文宣王蕭子良篤於事佛最有名當世，《南齊書》本傳稱蕭子良時佛教出現「道俗之盛，江左未有」〔註9〕的局面，蕭子良奉佛首重修行，頗以釋教與孔教之旨相合，《弘明集》錄其與孔稚珪書，自言「司徒之府，本五教是勸」，〔註10〕謂內外之道，其本均同，在上位者宜信大法，以道化物。

　　除了謹守戒律之外，文宣王亦致力提倡佛教義理與抄經，《高僧傳》即載有他屢集僧俗講說經論。〔註11〕最有名之例，則是蕭子良與范縝辯論因果報應問題（詳見本章第四節），蕭子良問范縝，君不信因果，世人何以得富貴？〔註12〕這次的討論也暴露出上層社會爲了鞏固自身富貴地位，更重視佛教業報、神不滅思想，俾能獲得理論的依據和群眾的支持。

3. 梁武帝

　　南朝佛教勢力的擴張，到梁武帝蕭衍可謂鼎盛至極。〔註13〕他在信仰上的歷程乃先道而後佛，武帝登基後第三年正式宣布捨道歸佛，並親作捨道事佛文曰：

　　　　大經中說，道有九十六種，唯佛一道，是於正道，其餘九十五種，

　　　　名爲邪道。朕捨邪道，以事如來。〔註14〕

這無異貶低老子周孔爲「邪道」，而他將「捨邪事正」，並勸公卿百官「反僞

〔註9〕　《南齊書・卷四十・竟陵文宣王子良傳》。

〔註10〕　《弘明集・卷十一・與中丞孔稚珪釋疑惑》，《大正藏》五十二冊，頁72。蕭子良文中自稱「司徒」，係其任司徒、孔稚珪任中丞時所作，約在永明九年前後，孔稚珪在《南齊書》卷四十八有傳。

〔註11〕　《高增傳・卷十一・僧祐傳》：「齊竟陵文宣王每請講律，聽眾常七八百人。」此外，《出三藏記集》、《續高僧傳》等都有文宣王延請名僧弘教之事。

〔註12〕　《南史・卷五十七・范縝傳》：「時竟陵王子良盛招賓客，縝亦預焉。嘗侍子良，子良精信釋教，而縝盛稱無佛。子良問曰，君不信因果，何得富貴貧賤？」

〔註13〕　湯用彤《漢魏兩晉南北朝佛教史》，頁479云，梁武帝時，佛教寺刹雕像、僧眾講席、道俗齋會，參與人數之多、規模之盛，乃前所未有；佛經之翻譯、義學之繁興亦甚可觀。此外，方立天〈梁武帝蕭衍與佛教〉一文從七方面分析梁武帝將佛教抬高至國教地位：（1）捨道歸佛。（2）創建佛寺，塑造佛像，舉辦齋會。（3）多次捨身爲寺奴。（4）制斷酒肉戒律。（5）親自講經說法。（6）重視譯經。（7）撰寫佛教著述。〈梁武帝蕭衍與佛教〉收於《中國佛教》，頁347～390。

〔註14〕　《廣弘明集・卷四・捨事李老道法詔》，《大正藏》五十二冊。

就眞」。不過，這不表示此後武帝對佛教的信仰堅貞不渝，實際政策上，他未曾捨棄儒、道，尤其是儒家經術，更是他治國理民之首，故於宣誓捨道次年（天監四年，505），下詔置五經博士。〔註15〕天監八年（509）又以五經取士招徠人才。〔註16〕

至於梁武帝在提倡佛法上，亦往往兼及儒、道，譬如〈敕答臣下神滅論〉一文，即把儒、道、佛三教教祖孔子、老子、釋迦牟尼同稱「三聖」。〔註17〕在反對神滅論時，又援引儒家〈祭義〉和〈禮運〉（詳本章第四節），故而時人曾點出武帝奉佛有助於實行儒家「篤孝治之義」。〔註18〕近人湯用彤也指出「武帝信佛之動機，實雜以儒家之禮教」。〔註19〕

梁武帝也是神不滅論的堅決主張者。若不滅論在古代是中國佛教所極力維護的理論，而神滅論則是反佛者欲從根本上推翻佛教的主要學說，梁武帝不僅親製敕文宣揚神不滅，還動員朝臣六十餘人「圍勦」范縝神滅論，這場「世紀大辯論」構成中國思想史重要組成部分，相關文獻收於《弘明集》（詳本章第四節）。除了哲學上的思辨立場外，佛學研究者方立天認爲梁武帝的作法主要是出於治術上的意義，因爲「無神論可以引申爲否定果報，否定梁武帝的君權」，〔註20〕難怪梁代的大臣王靖也說：「若論無神，亦可無聖，許其有聖，便應有神。」〔註21〕畢竟，統治者的權威是不容挑戰的。

從上述看來，自宋文帝起，帝王階層已意識到佛教的好處，開始「自覺性」地擁護佛教，以達其鞏固權勢地位之目的，也從這時起，佛教日益中國化中，不免呈現相當的政治性意涵，這在南朝之前是鮮見的。

二、群辯的學風

慧遠、羅什以後，佛學逐漸南北分途，南朝佛教偏尚義理（北朝重修德求福），雖然褪去了一些魏晉時期玄學化的鮮明色彩，但是自魏晉以來的清談之風，卻依然深深地影響著佛教發展，即有學者指出：「南朝佛教義理之學的

〔註15〕 《梁書·卷二·武帝紀》、《梁書·卷四十八·儒林傳》。
〔註16〕 《梁書·卷二·武帝紀》。
〔註17〕 《弘明集·卷十·敕答臣下神滅論》，《大正藏》五十二冊，頁 60。
〔註18〕 《弘明集·卷十·何炯答難神滅論》，《大正藏》五十二冊，頁 64。
〔註19〕 湯用彤《漢魏兩晉南北朝佛教史》，頁 477。
〔註20〕 《中國佛教研究·梁武帝蕭衍與佛教》，頁 377。
〔註21〕 《弘明集·卷十·王靖答難神滅論》，《大正藏》五十二冊，頁 66。

發達，在一定的意義上說來，正是這種影響（清談）的反映。雖然南朝佛教也有研習禪戒的，但是佔據支配地位的無疑是義學。」〔註22〕

南朝佛學既是承繼了清談遺風，則必多宏議讜論，而道宣卻說：

自晉、宋相承，凡議論者，多高談大語，競相誇罩。〔註23〕

「高談大語，競相誇罩」屬負面批評語，突顯南朝義理之學虛誇浮華的弊病，不過，本文認爲，正是這種「高談大語，競相誇罩」的特質，南朝佛教才能出現各種不同的聲音，它顯示自魏晉以降，尤其是南朝這樣一個改朝頻仍、動盪迭起的時代，士大夫們經過亂世長期壓抑的困惑、迷惘、痛苦，終告迸發；加上南北朝時幾無所謂的「純儒」，文人名士紛紛投向道觀、佛門，因而促成人們亟欲解答種種人生疑慮，並建構合理的思想框架，故時有爲眞理而辯的情況出現。當慧琳〈白黑論〉一出，隨即招來正反意見的群體論戰（詳見本章第二節）；顧歡〈夷夏論〉發表，也立刻遭致各方人士圍攻（詳本章第三節）；神滅不滅問題更是驚動帝王出馬，演出一場熱烈的辯論賽。

不過，南朝有一種良好的風氣，從《弘明集》可以看出，當時對於學理、思想、門派不同之見解，多是採取問難、研討的方式解決，縱有出現情緒化用言（如〈三破論〉的尖刻），基本而言，仍屬平等說理，而且有批評也有反批評，常常往覆多次；〔註24〕學者不但不怕對方駁斥，還自設賓主，主動立論攻難，猶如今日辯論之正反方，〔註25〕其目的是爲了展開論題、深化見解。由於此種氣氛，僧祐才可能編輯出《弘明集》，保留了大量反佛、護佛的寶貴資料，也因這種其爭也君子的時代風氣使然，才能出現范縝、何承天等勇於堅持己見的思想家，對佛教信仰者而言，也能不畏權勢據理力爭，表現追求理想的執著，二者精神同樣可貴。

群體大辯論的學風，除具上述意義外，還標誌著南朝佛教展現出新的面貌，在教佛中國化進程中，又往前邁進一大步，以下分別就引起南朝群辯的議題及內容予以析述。

〔註22〕郭朋《中國佛教史》，頁71。

〔註23〕《續高僧傳・卷五・僧旻傳》，《大正藏》五十冊，頁462。

〔註24〕如《弘明集》卷三宗炳與何承天、卷四顏延之與何承天屢次紙上交鋒。

〔註25〕《弘明集》內主動設問申辯的文章不勝枚舉，本文舉代表性者如卷二宗炳〈明佛論〉、卷三何承天〈釋均善論〉、卷四顏延之〈又釋何衡陽〉、卷五鄭鮮之〈神不滅論〉、卷六釋道恆〈釋駁論〉、明僧紹〈正二教論〉、卷七朱廣之〈諮顧道士夷夏論〉、卷八劉勰〈滅惑論〉、卷九范縝〈神滅論〉、曹思文〈難神滅論〉。

第二節　從白黑之爭看南朝佛教中國化

　　南朝時期，佛教與非佛教人士彼此間的論戰主要集中在白黑之爭、夷夏之爭、形神之爭上，實際內容則包括果報輪迴、神滅不滅及夷夏問題，最早發生的即是宋元嘉十二年前後的白黑之爭。〔註26〕

一、論戰經過

　　自東晉以來神形爭議時有所聞（參見本文第五章），南朝論爭繼起。宋初衡陽太守何承天撰〈報應問〉〔註27〕用日常生活之道批駁佛教因果說；與此同時，宋武帝之子南郡王劉義宣也作〈與張新安論孔釋書〉（收入《弘明集》卷十二）懷疑因果報應論。佛教徒中有釋慧琳著〈白黑論〉，〔註28〕對空觀學說和因果論進行責難，形成理論上反佛的第一個高潮；稍後。圍繞著〈白黑論〉所提出的問題，何承天與宗炳、顏延之展開激辯。

　　慧琳的〈白黑論〉贏得反佛的何承天贊賞，送給論敵宗炳看，宗炳覆信〈答何衡陽書〉駁斥〈白黑論〉，並將先前之作〈明佛論〉〔註29〕寄予何承天，何承天寫〈答宗居士釋均善論〉抗之，二人續有書信往來論爭，後來何承天又針對〈明佛論〉作〈達性論〉。其間，在朝中為官的佛學理論家顏延之，也半途加入辯論行列，作〈釋達性論〉、〈重釋何衡陽〉等文。三人分別往還三

〔註26〕白黑之爭係因慧琳作〈白黑論〉而展開，而〈白黑論〉完成於何時？因史無明文，故歷來無一致論見，湯用彤先生指是元嘉十年前後，其理是宗炳為〈白黑論〉致書何承天稱其「何衡陽」。何曾為衡陽太守，時在元嘉九年以後。（見《漢魏兩晉南北朝佛教史》，頁 422。）此外，辛旗《中國歷代思想史》，頁262 載爭論發生在元嘉九年，但未列根據資料。本文則依《弘明集》卷十一〈何尚之答宋文皇帝讚揚佛教事〉文曰：「元嘉十二年五月乙酉，有司奏，丹陽尹蕭摹之上言稱……。是時有沙門慧琳，假服僧次而毀其法，其白黑論……」判定白黑之爭約在宋元嘉十二年間。

〔註27〕《廣弘明集》卷二十，《大正藏》五十二冊頁 224。

〔註28〕〈白黑論〉見《宋書·卷九十七·天竺迦毗黎國傳》，《弘明集》雖未收入，但散見於卷二、卷三、卷四文章中。

〔註29〕〈明佛論〉的完成無確切時間，本文根據宗炳與何承天辯論時所寫的第一封信曰：「吾故罄其愚思，制明佛論，以自獻所懷，始成，已令人書寫。」（《弘明集·卷三》《大正藏》五十二冊頁 19）認為〈明佛論〉應造於〈白黑論〉之後、與何承天辯論之前。〈明佛論〉又名〈神不滅論〉，或亦針對慧琳而發。此外，《弘明集》將〈明佛論〉單獨置於第二卷，何承天、宗炳交互問答置於第三卷，何承天、顏延之間辯難置第四卷，亦可證明〈明佛論〉應完成在白黑之爭最初。

次，共計十二篇書文，均收入《弘明集》中，辯論焦點放在鬼神的有無、報應的虛實和神滅與否上。

二、論戰內容

1. 慧琳、何承天反果報輪迴

（1）慧　琳

　　《弘明集》未見慧琳之作，然白黑論戰實由慧琳〈白黑論〉引爆，本文欲觀白黑之爭全貌，故仍對其人其文作一紀要。

　　慧琳，南朝宋時僧人，生卒年已難詳考，據《宋書・卷九十七・天竺迦毗黎國傳》所載，他精通儒家典籍及老莊思想，注《孝經》、《莊子・逍遙遊》；與謝靈運、顏延之等交往甚密。〈白黑論〉面世後，不見容於當時僧眾，認為它「貶黜釋氏」，但宋文帝卻十分賞識，屢被召入參與機要，一時權勢很大，有「黑衣宰相」之稱。〔註30〕

　　〈白黑論〉為當時通行的問答禮，設「白學先生」（代表傳統儒學、道教）與「黑學道士」（象徵外來沙門）。該文旨意原本要調合儒、佛、道三家矛盾，主張殊途同歸，他說：

　　　　六度（佛教）與五教（儒家）並行，信順（道教）與慈悲（佛教）

　　　　齊立。〔註31〕

該文因此又稱〈均善論〉。不過，重要的是，慧琳身為沙門中人，不僅在文中表示周孔老莊的中國文化不比佛教差，而且慧琳還大膽地對佛教基本理論進行抨擊。〈白黑論〉中「名言」包括：

　　第一：「析毫空樹，無傷垂蔭之茂；離材虛室，不損輪奐之美。」慧琳謂釋氏析空不符實際，以樹為例，分析到最後，無損大樹的枝葉繁茂，以屋為虛，也無害房屋的高大華美。

　　第二：「敘地獄則民懼其罪，敷天堂則物歡其福。」慧琳不但認為佛教善惡果報和天堂地獄說的虛幻無實，且易唆使信奉者興貪欲好奇之心。

　　第三：「興糜費之道，單九服之財，樹無用之事，割群生之急，致營造之計，成私樹之權。」揭露部分僧侶耗費財物，營私奢侈的生活。

　　第四：「愛物去殺，尚施周人。」雖肯定佛教救濟世善行，卻指類似儒家

〔註30〕《高僧傳・卷七・道淵傳》，《大正藏》五十冊，頁369。
〔註31〕同註28。

所言仁義，與儒家殊途同歸。

慧琳係當時名僧，他以自家人立場公然抨擊自家人，對佛教形象之損傷不言可喻，故遭僧界排擠，由於宋文帝庇護，才免受戒律嚴處。〔註32〕

（2）何承天

何承天字衡陽，生於晉廢帝太和五年（370），卒於宋文帝元嘉二十四年（447），《宋書》卷六十四有傳。據本傳記載，何承天博通經史，又長數學、天文、曾改定「元嘉曆」，在思想上，他反對因果報應、神不滅論，是當時重要的反佛人物。

何承天對慧琳〈白黑論〉的觀點表示支持，何承天在所著〈達性論〉中批駁佛教的神滅不說，謂：

生必有死，形斃神散，猶春榮秋落，四時代換，奚有於更受形哉？

〔註33〕

認爲命有生死，身死而神散，否定輪迴轉世的可能性。〈達性論〉同時強調人爲天地萬物之靈：

人非天地不生，天地非人不靈，三才同體，相須而成者也，故能稟

氣清和，神明特達……安得與夫飛沉蠕蠕並爲眾生哉？〔註34〕

這一段顯示出何承天中國傳統知識分子的人生觀，亦即儒家天人合一和道家稟氣的自然觀。

何承天在〈答宗居士書〉（釋均善篇）裡則著重說明兩個論點，第一是形神關係。他運用了桓譚以來燭火喻形神之例，〔註35〕闡明形盡神滅，想必曾受桓譚影響，是以僧祐在收錄桓譚《新論·形神》時，於題下注曰：

君山未聞釋氏之教，至於論形神已設薪火之譬，後之言者，乃闇與

之會。〔註36〕

可見薪火形神論題之承襲。至於第二個觀點，則以聖人未言來否定神不滅論。何承天雖然反對佛教神不滅和輪迴報應說，卻無法否認中國傳統的神不滅思

〔註32〕《弘明集·卷三·何承天與宗居士書》：「慧琳道人作白黑論，乃爲眾僧所排擠，賴蒙值明主善教，得免波羅夷耳。」《大正藏》五十二冊，頁18。

〔註33〕《弘明集》卷四，《大正藏》五十二冊，頁22。

〔註34〕同註33。

〔註35〕「形神相資，古人譬以薪火，薪弊火微，薪盡火滅，雖有其妙，豈能獨傳」見《弘明集》卷三，《大正藏》五十二冊，頁19。

〔註36〕《弘明集》卷五，《大正藏》五十二冊，頁29。

想，因此當宗炳提出「眾聖莊老，皆云神明，復何以斷其不如佛言」〔註37〕
時，何承天反駁的理由極爲牽強，說：

> 明有禮樂，幽有鬼神，聖王所以爲教，初不昧其有也。若果有來生
> 報應，周孔寧當緘默而無片言耶？〔註38〕

竟以鬼神之說是爲教誨而設，聖人實未嘗言來世報應作爲答辯。

　　觀何承天對神滅果報的主張，只能以儒家經典作爲擋箭牌；以薪火譬形
神，其想法類似范縝以刃利爲喻，然終未能作出具邏輯系統之破解，眞正發
揮破解功夫者，須等到梁朝范縝了。

2. 宗炳、顏延之以佛統儒道

　　慧琳、何承天反佛陣營的論述，被認是貶黜釋氏，宗炳、顏延之遂撰文
辯駁。

（1）宗　炳

　　宗炳字少文，生於東晉孝武帝寧康三年（375），卒於宋文帝元嘉二十年
（443），《宋書》卷九十三有傳，載其精於言理，曾入廬山與慧遠討論佛理，
晚年寫成〈明佛論〉，又稱〈神不滅論〉，受到慧遠影響。〔註39〕

　　從〈明佛論〉及其與何承天的往來書信，可以看出宗炳異於慧琳、何承
天的論點：

第一：認爲儒、道、釋三家皆屬教善之教，不過佛教最是高明。

　　宗炳說：「彼佛經也，包五典之德，深加遠大之實；含老莊之虛，而重增
皆空之盡……」〔註40〕復次，稱儒家是治亂之道，道家是寡欲之道，二教都
未超出人生之外，唯獨佛教講「精神不滅，人可成佛，心作萬有，諸法皆空」。
〔註41〕宗炳更鼓勵君王治國之外應信佛法，「今依周孔以養民，味佛法以養
神，則生爲明后，歿爲明神，而常王矣。」〔註42〕意謂信佛則可以死後神明
不滅，永世爲王。

〔註37〕同註35。
〔註38〕同註35。
〔註39〕《弘明集・卷二・明佛論》：「昔遠和尚澄業廬山，余往憩五旬，高潔貞屬，
　　　　理學精妙，固遠流也。」《大正藏》五十二冊，頁16。
〔註40〕同註39，頁9。
〔註41〕同註40。
〔註42〕同註39。

第二：指「空」是佛學基礎。

宗炳引般若學六家七宗之一的即色義，認爲萬物都非眞實存在，是虛幻不實的。〈答何衡陽書之二〉中云：

> 夫佛經所稱即色爲空，無復異者，非謂無有，有而空耳……緣合而有，本自無有，皆如幻之所作，夢之所見，雖有非有。〔註43〕

他是用事物的變化無常性來否定事物的實在性來理解空義，如：「將來未至，過去已滅，現在不住」，〔註44〕所以宗炳概括佛教的根本宗旨是常空（或常無），「夫常無者道也」。

第三：神不滅的思想主張

形神殊別、形粗神妙是宗炳神不滅的基本論點。宗炳與之前的慧遠一般，認爲形神分殊，〔註45〕且形神有形粗神妙之別，故神不隨形而滅。因爲神形若無殊別，神隨形而生，也隨形而殘亡，則何以會有人形病而神智清健之情形？〔註46〕

至於宗炳所謂的「神」屬何層次？前一章述慧遠神不滅思想時，提及慧遠以「圓應無生」，也就是「妙」來理解神之境界，神雖空寂卻非死寂，因其能圓通感應，故神爲超越相對世界的存在。宗炳即是稟承這種思想，但進一步把神解釋爲「法身」，如〈明佛論〉曰：

> 無生則無身，無身而有神，法身之謂也。〔註47〕

法身者虛空身也，具神之空寂而不失圓應，可稱之爲「妙」，此與慧遠思想契合。不過，宗炳以此義論神不滅，也與慧遠遭遇同樣的問題，即是：神既是相當於本體之超然存在，又如何能做爲輪迴之主體？宗炳對此的解決大略同於慧遠。慧遠以爲神落於無明相應之中而成了執著滯本之神，宗炳則解其爲「識」，如〈明佛論〉云：「群生之神，其極雖齊，而隨緣遷流，成粗妙之識而與本不滅矣」，〔註48〕故就宗炳而言，因情識無盡輪迴六道中的是「識」，

〔註43〕《弘明集·卷三·答何衡陽難釋白黑論》，《大正藏》五十二冊，頁20。
〔註44〕同註39，頁11。
〔註45〕《弘明集·卷三·宗炳答何承天》：「今人形至粗，人神實妙，以形從神，豈得齊終？」《大正藏》五十二冊，頁18。
〔註46〕《弘明集·卷二·明佛論》：「若使形生而神生，形死而神死，則宜形殘神毀，形病神困。」《大正藏》五十二冊，頁10。
〔註47〕同註46。
〔註48〕同註46。

只要人能去執著，則可使神恢復空寂圓應的法身，即能超脫生死輪迴。〔註49〕

（2）顏延之

顏延之，字延年，生於東晉孝武帝十二年（384）卒於宋孝武帝孝建三年（456）。《宋書·卷七十三·顏延之傳》謂其文章之美冠絕當時，與謝靈運俱以詞采齊名。《弘明集》卷四收錄三篇顏延之與何承天互難之文，時值顏為永嘉太守；《弘明集》卷十三另有顏延之兩章〈庭誥〉短文，顯現他融合儒釋道於一爐的思想特色。

顏延之在白黑之爭論戰中曾就何承天〈達性論〉提出疑問，二人往覆論答，首先辯論的焦點在人與眾生的關係。何承天引《周易·說卦傳》主張人為三才之一，地位最尊，故不當與其他生物並列眾生（見前引文）。從何承天的學養背景可知，他的觀點乃依據儒家政治及道德上，人類與禽獸之區別而言，顏延之則反駁何的說法，認為眾生是「含識之名」，亦即有情之謂，凡有情識者皆為眾生。〔註50〕二人由於認知的差異，故各持己見，作出不同的眾生定義。

何承天在〈達性論〉中曾明白表示其神滅思想（見前引文），問題是，何氏既主張「形斃神散」，卻又在〈達性論〉談「三后在天，言精靈之升遐也」，〔註51〕既有精靈，則是神不滅的證明，顏氏以此自相矛盾提出質疑：

> 神理存沒，儻異於枯荄變謝，就同草木，便當煙盡，而復云三后升遐，精靈在天？若精靈必在，果異於草木，則受形之論，無乃更資來說。〔註52〕

顏延之並以為生遐在天還可引申為有論迴果報。

有關顏延之與何承天的論辯要點，略見於上述，綜言之，由於何氏所主張的神滅不徹底，加以二人信仰之落差，故篤佛的顏延之可乘之機。

慧琳、何承天與宗炳、顏延之的這場白黑論戰，引起層峰高度注意，不但大臣何尚之記下經過，〔註53〕宋文帝亦密切觀察擁佛派與反佛派的論點，

〔註49〕同註46。「識能澄不滅之本，稟日損之學，損之又損，必至無為無欲，欲情唯神獨照，則無當於生矣。」

〔註50〕《弘明集·卷四·釋何衡陽達性論》：「足下云：同體二儀，共成三才者，是必合德之稱，非遭人之目。然總庶類同號眾生，亦含識之名，豈上哲之詮？」《大正藏》五十二冊，頁22。

〔註51〕同註33。

〔註52〕同註50。

〔註53〕同註6。「有沙門慧琳，假服僧次，而毀其法，著白黑論。衡陽太守何承天與琳比狎，雅相擊揚，著達性論，並拘滯一方，詆呵釋教。永嘉太守顏延之、

最後他總結式地講評曰：

> 顏延年之折達性，宗少文之難白黑，明佛法汪汪，尤為名理，並足
> 開獎人意。〔註54〕

等於「判定」宗炳、顏延之一方獲勝。

第三節　從夷夏之爭看南朝佛教中國化

　　東晉沙門敬王問題是南朝夷夏之爭的「前哨戰」，後來，宋末道士顧歡撰〈夷夏論〉，將已存的夷夏之別推向最高點，也是繼「白黑之爭」後，南朝的第二波論戰。

一、論戰經過

　　南朝宋明帝間，道士顧歡作〈夷夏論〉，〔註55〕是第一篇以夷夏問題做中心的專論。

　　顧歡字景怡，生卒年不可考，《南齊書・卷五十四》本傳載，少從雷次宗學儒學、玄學，晚年好黃老、陰陽之術，由玄入道；於天台開館聚徒，受業者常近百人，可見其影響力不小，故〈夷夏論〉一出，引起軒然大波，奉佛人士如謝鎮之、朱昭之、朱廣之、明僧紹、僧愍、釋慧通紛紛為文反駁。

　　〈夷夏論〉原文已佚，其論點散見於《南齊書・顧歡傳》及《弘明集》卷六、卷七所收上述反駁〈夷夏論〉之文章中。

　　顧歡〈夷夏論〉並不全盤否定佛教，他認為佛、道原理雖同，但習俗有別，故不適合中夏。「佛、道齊乎達化，而有夷、夏之別」，「教華而華言，化夷而夷語」；佛教是戎夷之教，「悖理犯順」，不遵孝道，乃中土不可取之處。佛教「無生之教賒」只談死後，令人渺茫難信；道教「無死之化切」，使人寄望延年，合於切身利益。「佛是破惡之方，道是興道之術」、「佛教文而博，道教質而精；精非粗人所信，博非精人所能」，從顧歡〈夷夏論〉上述對比之論，

> 太子中舍人宗炳，信法者也，檢駁二論，各萬餘言。琳等始亦往還，未抵讀
> 乃止。炳因明佛論以廣其宗。」

〔註54〕同註6。

〔註55〕顧歡〈夷夏論〉之作，不詳確切時間，據《南齊書・卷五十四・顧歡傳》言，
　　　　〈夷夏論〉一出，司徒袁粲曾託為道人通公駁之，而《宋書・卷八十九・袁
　　　　粲傳》載，袁粲乃宋・泰始元年始任司徒，故〈夷夏論〉應作於宋末明帝之
　　　　際。

可以看出他揚道抑佛、以為道優佛劣的態度。

在顧歡之前，以夷夏說反佛者，多為片斷文字，顧歡之後，詆佛道士就承顧歡之論，如南齊道士假張融之名僞作〈三破論〉，〔註56〕其理論依據亦是夷夏有別的傳統觀念，內容稱佛教入國而破國、入家而破家、入身而破身，故名「三破」。隨後，有劉勰〈滅惑論〉、僧順〈釋三破論〉、釋玄光〈辨惑論〉駁斥〈三破論〉。〈三破論〉原文已亡失，幸而上述反駁文章中力以引述，《弘明集》卷八均收入。是以從《弘明集》上述各篇所論，幾已可見南朝整個夷夏論戰全貌，今將各篇打散，加以分類條析，以見夷夏之爭主要內容與思想。

二、論戰內容

1. 孝　親

顧歡〈夷夏論〉說：「嗜欲之物，皆以禮伸，孝敬之典，獨以法屈；悖禮犯順，曾莫之覺。」〔註57〕〈三破論〉也指責：

> （佛教）使父子殊事，兄弟異法，遺棄二親，孝道頓絕……無昊天
> 之報，五逆不孝，不復過此。〔註58〕

反佛者批評釋子離俗出家有失事親之道，是大逆不道的。奉佛人士劉勰的辯解爲：

> 是以諮親出家，法華明其義，聽而後學；維摩標其例，豈忘本哉！
> 〔註59〕

他首先說明佛教出家，需得父母同意，故無不孝。其次，出家修行可拯救親人脫離苦海，比世間之孝更究竟透徹，「瞬息盡養則無濟幽靈，學道拔親則冥苦永滅」〔註60〕釋慧通在〈駁顧道士夷夏論〉中也有類似之見。〔註61〕由於

〔註56〕《弘明集·卷八》僧順作〈釋三破論〉，其題有：「答道士假稱張融三破論」之語。《大正藏》五十二冊，頁51。

〔註57〕《南齊書·卷五十四·顧歡傳》。

〔註58〕《弘明集》卷八〈滅惑論〉引，《大正藏》五十二冊，頁50。

〔註59〕同註58。

〔註60〕同註58。

〔註61〕《弘明集·卷七·駁顧道士夷夏論》：「夫道俗有晦明之殊，內外有語默之別。至於宗廟享祀，禘祫皇考，然則孝敬之至，世莫加焉。若乃煙香夕台，韻法晨宮，禮拜懺悔，祈請無報，上逮歷劫親屬，下至一切蒼生，若期孝慈之弘大，非愚之瞽之所測也。」此段旨在說明出家才是大孝。《大正藏》十二冊，頁46。

儒家孝道思想在中國已牢不可破，因此，佛教徒的回應並不是反對孝道，而是從孝親出發，解釋信佛出家不但不違孝且是大孝。這和牟子〈理惑論〉、慧遠〈沙門不敬王者論〉所言道理是一致的。

2. 婚 育

婚嫁生育是夷夏之爭中的一個重要內容。顧歡〈夷夏論〉指佛教徒是「下棄妻孥，上廢宗祀」。〈三破論〉云：「（沙門）入身而破身……有絕種之罪」〔註62〕甚至說，老子出關設教以化夷狄，但因：

> 胡人粗獷，欲斷其惡種，故令男不娶妻，女不嫁夫，一國伏法，自然滅盡。〔註63〕

信佛人士對三破之說斥爲理拙詞鄙，他們認爲：

> 名教有二，搢紳、沙門所以殊也……妻者愛累，髮者形飾；愛累傷神，形飾乖道，所以澄神滅愛，修道棄飾，理出常均，教必翻俗。〔註64〕

妻子情愛乃修道之累，蓄妻兒係名教中事，沙門返眞棄俗，故不爲也。釋僧順〈析三破論〉也有同樣說法：「世之孥孺爲累最深，饑寒則生於盜賊，飽暖則發於驕奢。」〔註65〕因而只有捐除情愛，心向佛法，才能超脫塵世煩惱。

3. 貌 服

〈夷夏論〉特別強調華、夷在儀容服飾上的不相容，如沙門的袈裟、剃髮、跣跌等，呵斥這些形象是「狐蹲狗踞，荒流之肅」、「翦髮曠衣，群夷之服」、「毀貌易性，絕惡之學」。〈三破論〉也說，佛教「一有毀傷之疾，二有髡頭之苦」，因此「不禮之教，中國絕之，何可得從？」〔註66〕

對於上述攻擊，信佛者紛紛起而抗辯。慧通表示，佛教提倡的服貌習俗淳厚樸素，更近於老子所倡揚的道。他說：「僕謂搢紳之飾，磬折之恭，殯葬之禮，斯蓋大道廢之時也，仁義所以生，孝敬所以出矣。智欲方起，情僞日滋，聖人因禁之以禮教，制之以法度，故禮者忠信之薄，亂之首也……故迺剪髮玄服，損財去世，讓之至也。」〔註67〕

〔註62〕同註58。
〔註63〕同註58。
〔註64〕同註58。
〔註65〕《弘明集‧卷八‧釋三破論》，《大正藏》五十二冊，頁52。
〔註66〕同註58。
〔註67〕《弘明集‧卷七‧駁顧道士夷夏論》，《大正藏》五十二冊，頁45。

其次，謝鎮之說，祛泰反俗，爲道日損，並非只是夷人之制，應是放諸四海皆準：「修淳道者，務在反俗，俗既可反，道則可淳。反俗之難，故宜祛其甚泰，祛其甚泰，必先墮冠削髮，方衣去食。墮冠無世飾之費，削髮則無笄櫛之煩，方衣則不假工於裁製，去食則絕想嗜味，此則爲道日損，豈夷俗之所制。」〔註68〕

朱昭之進而言：「華夷殊俗，情好不同，聖動因故，設教或異，然曲禮淨戒，數同三百；威儀容止，又等三千。所可爲異，正在道佛之名、形服之間耳。達者尙復以形骸爲逆旅，袞冕豈足論哉？」〔註69〕意謂夷夏服儀之俗雖異，但禮無殊別，達觀者著眼於大道，豈會汲汲於形服末節的差異？

以上論述，皆是佛教分子以它子抱樸守素、反俗歸眞爲中心，對道教人士之呵斥提出答辯，欲從思想層面，改變對佛教的世俗之見。

4. 疆 域

本文第四章提及，夷夏之別，根於中國人對華夏疆域有執中觀念所致。因此在回辯以夷夏爲論點之排佛論時，信佛者多以漢地未必居中說，泯除夷卑夏尊思想，牟子〈理惑論〉即是如此（參第四章）。加上後來譯出的佛經也有指出佛陀降生地才是天地之中的說法，〔註70〕南朝釋子更據此而言印土方爲「中土」來破解夷夏觀。如僧愍著〈戎華論折顧道士夷夏論〉引顧歡語：「君言夷夏論者，東有驪濟之醜，西有羌戎之流，北有亂頭被髮，南有剪髮文身，姬孔施禮於中，故有夷夏之別。」〔註71〕僧愍認爲夷夏論是立足於中國疆域而形成的狹隘之見，故欲以戎華論代替夷夏論，亦即站在世界的高度看中國：

> 東則盡於虛境，西則窮於幽鄉，北則吊於溟表，南則極乎牢閬，如
> 來扇化中土，故有戎華之異也。〔註72〕

〔註68〕《弘明集・卷六・與顧道士書》，《大正藏》五十二冊，頁42。
〔註69〕《弘明集・卷七・難顧道士夷夏論》，《大正藏》五十二冊，頁43。
〔註70〕吳・支謙譯《太子瑞應本起經》：「當下作佛，託生天竺迦維羅衛國……迦維羅衛者，三千日月萬千天地之中也。」西晉・聶道眞譯《異出菩薩本起經》：「迦維羅衛國者，天地之中央也。佛生者，不可邊土餘國，地爲之傾側。」劉宋・求那跋陀羅譯《過去現在因果經》：「當下作佛，即觀五事，一者觀諸眾生熟與未熟，二者觀時至與未至，三者觀諸國土何國處中……於此三千大千世界，此閻浮提迦毗羅佈兜國，最爲處中。」
〔註71〕《弘明集・卷七・戎華論折顧道士夷夏論》，《大正藏》五十二冊，頁47。
〔註72〕同註71。

並稱：「經云，佛據天地之中而清導十方，故知天竺之土是中國也。」〔註73〕這種以佛法爲囊括宇宙之教的說法，無非要打破中國傳統的彊域界線，使能接受外來文化。

除了僧愍外，謝鎮之〈重與顧道士書〉、慧通〈駁顧道士夷夏論〉、劉勰〈滅惑論〉均提出夷夏無定論，居中者應是天竺之說。〔註74〕本文爲免繁瑣，僅舉代表性意見，其餘零雜議論則略而不錄。

僧祐編纂《弘明集》時，寫了〈弘明論〉（即後序），其中，對南朝夷夏彊域之爭也有一番陳述，可總結成幾項要點：第一，中國並無固定不變的華夏禮教。「地當諸夏，而世教九變。」第二，華夷彊域的分野，也是變動不定。「伊洛本夏，而鞠爲戎墟；吳楚本夷，而翻成華邑。」第三，禹、舜出自西羌和東夷，孔子也說過「欲居夷」，可見道之所在，不爲地域所限。僧祐是著眼於歷史文化的發展和地理位置相對性的變遷，來反駁傳統夷夏論觀點。

5. 化　胡

從晉代開始，化胡說就成爲夷夏問題爭辯的主題之一。本文第五章曾言，兩晉化胡說的意義在於道、佛人士要在地位、時間、教義上，一爭老子與佛陀的高下、先後和優劣。到了南朝，爭辯的焦點則集中於佛教的產生時間以及究竟是老子化胡？抑是釋迦化華？

關於第一項時間問題。由於一般道教徒皆主老子出關至天竺成佛化胡之說，因此佛教徒便將佛教產生時間儘量提前，以先於老子，譬如釋僧順回應〈三破論〉曰：「太極剖判之初也，已自有佛。但于時眾生因緣未動，故宜且昧名稱。」〔註75〕僧順說，根據佛教理、相而言，佛理自始至終本已具有，如同三皇時並無禮、易，而乾坤二掛、履豫二爻已與天地俱生，唯名未出，但其理常在。僧祐〈弘明論〉也以同理指上古即有佛，並從《列子》所載，證明孔子時代已知有佛。〔註76〕

〔註73〕同註71。

〔註74〕《弘明集·卷六·重與顧道士書》：「故知天竺者，居娑婆之正域，處淳善之嘉會，故能感通於至聖，土中於三千。」《弘明集·卷七·駁顧道士夷夏論》：「天竺，天地之中，佛教所出者也。」《弘明集·卷八·滅惑論》：「權教無方，不以道俗乖應；妙化無外，豈以華戎阻情……但感有精粗，故教分道俗；地有東西，故國限內外。」

〔註75〕同註65，頁53。

〔註76〕《大正藏》五十二冊，頁95，〈弘明論〉有：「若疑古無佛教，近出漢世者，

以上傳說附會，不足爲證，唯可看出因化胡說而使釋、道有爭先恐後之現象。

其次是化胡或化華問題。顧歡〈夷夏論〉開頭即曰老子往天竺化胡，因此而有佛教興焉，〔註77〕這也是道教人士化胡說的一貫口徑，不過南朝佛教徒則稱其爲僞，劉勰〈滅惑論〉即斥老子出關化胡乃姦猾捏造之事：

> 按李叟出關，運當周季，世閉賢隱，故往而忘歸。接輿避世，猶滅其跡，況適外域，孰見其蹤？於是姦猾祭酒（指道士），造化胡之經。〔註78〕

另一派反化胡說者，更將老子化胡說轉變成佛陀化華說，如慧通言孔、老是佛遣派至華教化；〔註79〕僧愍則以佛弟子迦葉化身老子，在周世德化後西歸，短見之人因而有老子化胡之誤解；〔註80〕僧順又謂佛陀爲本，李老爲偏末，其意在納道教於佛門，俾與化胡旨意對立。〔註81〕

南朝的夷夏之爭幾可謂全是佛、道相爭，整個論戰，圍繞著上述主題展開激辯，大體而言，道教執夷夏有別以黜佛，佛教則倡華夷同貴以揚佛，雙方爭論內容較前朝擴大；針鋒相對，駁難回應，也較前期熱烈。

第四節　從形神之爭看南朝佛教中國化

南朝時期，佛教與非佛教間有關形、神方面的辯論，起於上述宋文帝元嘉時的白黑之爭，隨著議論的深入，問題逐步轉移到神滅與否的爭論上，然

夫神化隱顯，孰測始終哉？尋羲皇緬邈，政績猶湮，彼有法教，亦安得聞之？」「誰判上古必無佛乎？列子稱，周穆王時，西極有化人來……大法萌兆已見周初，感應之漸，非起漢世。」

〔註77〕《南齊書·卷五十四·顧歡傳》：「道經云，老子入關之天竺維衛國，國王夫人名曰淨妙，老子因其晝寢，乘日精入淨妙口中，後年四月八日夜半時，剖右腋而生，墜地即行七步，於是佛道興焉。」

〔註78〕 同註58。

〔註79〕《弘明集·卷七·駁顧道士夷夏論》：「經云，摩訶迦葉，彼稱老子；光淨童子，彼名仲尼。將知老氏非佛，其亦明矣……然則老氏仲尼，佛之所遣，且宣德示物禍福，而後佛教流焉。」《大正藏》五十二冊，頁45。

〔註80〕《弘明集·卷七·戎華論折顧道士夷夏論》：「經云，大士迦葉者，老子其人也。故以詭教五千，翼匠周世。化緣既盡，迴歸天竺，故有背關西引之邈，華人因之作化胡經也。」《大正藏》五十二冊，頁47。

〔註81〕《弘明集·卷八·釋三破論》：「李老之門，釋氏之偏禪矣。」《大正藏》五十二冊，頁53。

而未及充分討論旋又終止；齊、梁之際，佛教大盛，神不滅論在竟陵王、梁武帝等統計者與知識階層的倡導下，所向披靡，幾無敵手，直至范縝出現，神滅不滅問題才又引發爭辯，並將形神之爭帶向最高潮。其影響之大，使正史《梁書》、《南史》均不敢忽略，《弘明集》與《廣弘明集》也都刊載了論戰的相關資料。

一、論戰經過

齊梁的形神之爭前後持續約二十年，〔註82〕主要可分成兩大階段：

1. 第一階段

時在齊代，范縝與竟陵王蕭子良的辯論。

范縝約生於宋文帝元嘉二十七年（450），卒年不確定，〔註83〕學行見《梁書》卷四十八、《南史》卷五十七。《南史》記載他任宜都太守時，曾斷祠廢廟，可知其不信鬼神。

永明中，蕭子良秉政，位高權重，范縝乃其門下文人，但在辨別理論真相上，范縝顯得毫不退讓，例如「子良精信釋教，而縝盛稱無佛」；〔註84〕另外，蕭子良認為世間富貴貧賤皆由因果報應所致，范縝則以偶然論否定之。在這次辯論後，可能范縝感到要徹底駁倒因果報應說，必先破解神不滅思想，遂「退論其理，著神滅論」；〔註85〕《梁書》在照錄〈神滅論〉全文後指出「此論出，朝野喧嘩，子良集僧難之而不能屈」，《南史》也採用此說，唯蕭子良集僧人與范縝群辯的內容未能保存下來。

2. 第二階段

在梁武帝時，范縝又與梁武帝為首的皇帝、臣子、僧正進行一場更為激烈的神滅不滅問題辯論。

〔註82〕范縝與蕭子良辯因果時在齊代永明中，至梁武帝天監六年再度進行與皇帝朝貴的神滅辯論，共計約二十年。

〔註83〕一般文獻提到范縝的生卒年月，多定為宋文帝元嘉二十七年至梁武帝天監十年左右（450～510），但侯外廬先生考證，《梁書》及《南史》並未言明范縝卒年，經其多方考據結果，范縝〈神滅論〉發表於天監六年（507），而同時間《梁書》本傳有「在南累年」等語，此後事跡皆不見記載，故恐卒年應在天盛六年後不久。見侯外廬《中國思想通史》第三卷頁374～377。

〔註84〕《梁書》卷四十八。

〔註85〕同註84。

　　范縝〈神滅論〉一文在齊世無人能屈之，入梁後，蕭衍篤信佛法，深懼〈神滅論〉造成「黔黎致惑」，〔註86〕於天監六年，親撰〈敕答臣下神滅論〉，批評范縝，並下詔發動僧人統領法雲、群臣曹思文、蕭琛等共六十六人，群起筆伐〈神滅論〉，范縝單獨接受挑戰。蕭琛在〈難神滅論〉中說范縝「辯摧眾口，日服千人」，〔註87〕曹思文也兩次上表云：「思文情用淺匱，懼不能徵折詭經」、「思文情識愚淺，無以折其鋒銳」〔註88〕顯示范縝辯才無礙，立場堅定。既然群臣無法辯服范縝，最後，由蕭衍挑起論戰，也由他叫停，下令「言語之論，略成可息」，〔註89〕神滅與不滅問題雖未因此徹底解決，但終於結束了當時的大論戰。而第二階段的論辯內容，悉數收入《弘明集》卷九和卷十。

二、論戰內容

1. 范縝的神滅論

（1）〈神滅論〉的寫作時間

　　范縝的神滅思想主要展現在〈神滅論〉一文，而〈神滅論〉有一寫作過程。前述《梁書》、《南史》已稱范縝在齊代撰成〈神滅論〉，則〈神滅論〉顯然寫於蕭齊，不過，按《弘明集》卷十有梁武帝〈敕答臣下神滅論〉，針對范縝而曰：

> 欲談無佛，應設賓主，標其宗旨，辯其短長，來就佛理，以屈佛理，
> 則有佛之義既躓，神滅之論自行。〔註90〕

現在《梁書》、《弘明集》所收的〈神滅論〉〔註91〕正是自設賓主的體例，共有三十一個問與答，問方代表反對者主張，答方是范縝意見。因此本文以為在齊竟陵王時范縝發表的〈神滅論〉應係初稿，而今本〈神滅論〉則是范縝於梁時所改寫，遭到皇帝王公大臣為文反駁的一篇。〔註92〕

〔註86〕《弘明集・卷十・曹思文答法雲與王公朝貴書》，《大正藏》五十二冊，頁65。

〔註87〕《弘明集》卷九，《大正藏》五十二冊，頁54。

〔註88〕分別見《弘明集》卷九，《大正藏》五十二冊，頁58、59。

〔註89〕同註87，頁59。

〔註90〕《大正藏》五十二冊，頁60。

〔註91〕〈神滅論〉今分見於《梁書・卷四十八・范縝傳》、《弘明集・卷九》蕭琛〈難神滅論〉所引，《大正藏》五十二冊，頁55～57。

〔註92〕《梁書》與《弘明集》所引錄的〈神滅論〉在文字上有些許差別，《梁書》中論述形神關係時所用的比喻是「刀利之喻」，《弘明集》則是用「刃利之喻」，

（2）對神不滅思想的威脅

有關范縝〈神滅論〉哲學思辨的討論，內容事涉浩博，難可具究，前賢探析已詳，〔註93〕本文且擇《弘明集》記載之精要試以爲言。

第一：以天道自然反對因果報應

范縝反對佛教的思想存於〈神滅論〉之中，他如先前的反佛者一樣，把駁斥佛教的因果報應做爲自己理論的基本點，由此建立他系統的無神論證。在〈神滅論〉裡寫道：

> 陶甄稟於自然，森羅均於獨化，忽焉自有，恍爾而無，來也不禦，
>
> 去也不追，乘夫天理，各安其性。〔註94〕

他認爲，萬物生成都因爲自身因素，複雜的現象也是各自自身變化的結果；生成是偶然、突然的，消失也是如此。順從自然法則，就是遵循每一件事物特殊本性，任其變化發展。孫述圻《六朝思想史》裡指出范縝此種天道自然論乃吸收了王充的元氣自然論和郭象的獨化論，熔鑄成他的稟於自然天理、各安其性的學說。〔註95〕當范縝曾與竟陵王蕭子良辯論時，就表述了他自然觀的偶然論：

> 子良問（范縝）曰，君不信因果，何得富貴貧賤？縝答曰：「人生如樹花同發，隨風而墮，自有拂簾幌墜於茵席之上，自有關籬牆落於糞溷之中。墜茵席者，殿下是也；落糞溷者，下官是也。貴賤雖復殊途，因果竟在何處？」〔註96〕

范縝認定人的一生遭遇不同，純屬偶然，絕非因果報應所決定。范縝以偶然論來破除因果說，固有其侷限之處，但他對蕭子良的一番答覆，畢竟相當犀利，使得「子良不能屈」。

因此有學者認爲《梁書》的〈神滅論〉寫於齊代，《弘明集》所錄乃作於梁代，已是經過范縝修改。參牟鍾鑒〈對中國歷史上形神問題的簡要回顧與評論〉，收於《世界宗教研究》1980年第一期。但本文以爲如此則無法解釋《弘明集》卷十梁武帝〈敕答臣下神滅論〉文中之言。

〔註93〕 侯外廬著《中國思想通史·第三卷》，任繼愈編《中國哲學發展史·魏晉南北朝》，辛旗著《中國歷代思想史》，方立天著《中國古代哲學問題發展史》，張振華《六朝神滅不滅問題之論爭》，以及多種單篇論文，均有長篇累牘之探討析述。

〔註94〕 《弘明集》卷九，《大正藏》五十冊，頁57。

〔註95〕 孫述圻《六朝思想史》，頁305。

〔註96〕 《南史·卷五十七·范縝傳》。

第二：創形神相即與形質神用之說

范縝看到因果報應說，完全依附於神不滅之理論命題，因此爲了進一步反駁因果報應，而提出神滅論。

神滅論與神不滅論之爭的關鍵在於形、神之「即」或「異」，亦即在於形神是否分離？精神是否可以脫離人之形體獨立存在？范縝首先論證的就是「形神相即」的觀點。〈神滅論〉開門見山就說：

> 或曰：子云神滅，何以知其滅也？答曰：神即形也，形即神也。是
> 以形存則神在，形謝則神滅。〔註97〕

這是說人的形體和精神是相互依存的一個統體，不可能存在沒有形體的神靈，也不存在輪迴之中轉投異體的魂魄。范縝接著論述形體和精神二者間相互依存的關係。他說：

> 形者神之質，神者形之用，是則形稱其質，神言其用。〔註98〕

他舉刀刃與鋒利爲譬喻：

> 神之於質，猶利之於刃；形之於用，猶刃之於利。利之名非刃也，
> 刃之名非利也。然而捨利無刃，捨刃無利，未聞刃沒而利存，豈容
> 形亡而神在也？〔註99〕

鋒利是刀刃的性能和作用，如同精神是形體的機能和屬性，並不是在刀刃之外另有個鋒利之物，也不是在形體之外還有個精神實體。在此，表示范縝承認精神具有不同於形體的特點，但這個特點恰在於它是形體這樣東西的屬性和功能，不是獨立的眞實體。

范縝的成功在於他首次爲神滅論主張者明確論斷了形、神之間的關係、分別。以刃、利的比喻不但克服以往用精氣說明精神形體、用薪火（或燭火）喻形神的缺陷，堵住無神論者通往二元化的漏洞，引入新的理論層面，使得神不滅論者一時難以破解，范縝也因此在中國思想史上獲得了重要地位。

（3）對名教王權的挑戰

范縝的神不滅論在齊、梁所掀起的論爭，不僅是一場理論思辨批判，也是一場名教之爭。

范縝本是儒臣，曾求學於大儒劉瓛門下，〈神滅論〉寫作目的，據范縝

〔註97〕同註94，頁55。
〔註98〕同註97。
〔註99〕同註98。

自言是為了解決「浮屠害政，桑門蠹俗」，〔註100〕故在思想方面，范縝有意攻擊當時流行的神不滅論，〔註101〕以破除群眾對輪迴因果的迷信。不過，齊、梁統治者如蕭子良、蕭衍多勤於事佛，當〈神滅論〉在齊面世時，蕭子良「集曾難之而不能屈」後，曾叫王融傳話對范縝說：「神滅既自非理，而卿堅執之，恐傷名教」，〔註102〕可見齊代神滅不滅論問題，實際上也是一場挑戰禮教之辯。

時至梁朝，范縝改寫〈神滅論〉後，動搖了中國傳統神不滅思想，等於也動搖了篤信神不滅的梁武帝王權，當然不被允許，於是，梁武帝撰文責神滅之論「違經悖親，言語可息」，〔註103〕又說「縝既背經以起義，乖理以致談，滅聖難以聖責，乖理難以理詰」〔註104〕並主導王公大臣寫反駁文章則阻礙范縝議論流行。那些攻擊范縝的文章，名為辯難，實則加予范縝叛徒帽子，在在表明神滅之論，不只是反對中國佛教的神不滅論，而且也象徵了反名教。

（4）〈神滅論〉內容的缺失

〈神滅論〉的發表，雖在中國宗教、學術史上掀起一陣波動，不過，〈神滅論〉的內容不無矛盾、錯誤之處，綜合歷來研究，終可歸納以下幾個重點：

第一：范縝用「形質神用」解釋社會上人們在知識、才能的現象差別時，得出聖、凡先天不同器的結論，〔註105〕亦即聖人生來就與凡人不同，至於何以會造成聖凡不同？范縝沒進一步說明。其次，范縝用「蚤虱之相資，廢一則不可」〔註106〕證明形神相即；但是蚤雖寄生於虱，卻仍自為一生命獨立體，所以蚤與虱的關係，與質、用殊不同類，執此以證神滅，顯然是犯取譬非類的錯誤，後來果然遭到曹思文辯難。

第二：范縝囿於儒家傳統觀念，當神不滅論者援引儒家經典上鬼神故事

〔註100〕同註94。

〔註101〕巴宙著、許洋主譯〈中國佛教內關於靈魂不滅的爭論〉一文指出，范縝對佛教的批判，本意著重在當時流行的一般佛教修持，而在佛教教理，但既然業與往生論（按：亦即指神不滅）是佛教教義重心，自然成為攻擊的主要鵠的。該文收於《一九七八年佛教研究論文集》，頁164～203。

〔註102〕同註96。

〔註103〕《弘明集・卷十・敕答臣下神滅論》，《大正藏》五十二冊，頁60。

〔註104〕《弘明集・卷九・詔答曹思文》，《大正藏》五十二冊，頁59。

〔註105〕《弘明集・卷九・神滅論》：「豈有聖人之神，而寄凡人之器？亦無凡人之神，而托聖人之體。」《大正藏》五十二冊，頁56。

〔註106〕《弘明集・卷九・重難范中書神滅論》，《大正藏》五十二冊，頁59。

來詰問時，他不敢否定，回答「有人焉，有鬼焉，幽冥之別也」〔註107〕承認有鬼，但非人死所變，認為是另一種形體存在。他又肯定祭祀是聖人神道設教的必要手段，〔註108〕然而，若謂鬼神僅是因聖人設教才有，則聖人豈非欺罔百姓？是以此點受到曹思文等人指責。侯外廬先生則批評范縝說：「范縝變成依違於有神無神之間的折衷主義者，表現出無神論的不徹底性。從王充時代的儒家，到南朝初葉的反佛的儒家何承天，都不免此失。」〔註109〕

第三：刃利之譬雖然明確，畢竟只是類比方法，對於揭示複雜的形神問題顯有不足，而范縝並沒有建立出完整的哲學論證體系，這也影響到神滅論的深度。因此牟宗三先生表示：

> 無論如何，由利與刀合一的例子，是不能有效的推出形神同一的。
>
> 因為舉例只是少分相似而已。〔註110〕

2. 蕭琛曹思文對范縝的反駁

范縝〈神滅論〉出，少有人能對壘，梁武帝雖發動群臣口誅筆伐，然多表態附會之語，諸篇中，唯蕭琛、曹思文略微抓住范縝疏漏之處，以下提出若干值得重視之論點。

（1）蕭　琛

范縝親戚蕭琛〔註111〕首先針對〈神滅論〉發難。他作〈難神滅論〉，把范縝三十一條〈神滅論〉全數引錄並逐段加以駁難，其內容有：

第一：「據夢以驗，形神不得共體」。〔註112〕蕭氏以為夢乃靈魂離體，也就是神離形外遊，如果是形神即一，何能「形靜神馳」，內興思想、身無知覺？足證形神有二。

第二：范縝以刃利之譬，說明神為形之屬性，既是屬性，則為抽象存在，

〔註107〕同註106。「問曰：易稱故知鬼神之情狀，與天地相似而不違。又曰：載鬼一車，其義云何？答曰：有禽焉，有獸焉，飛走之別也，有人焉，有鬼焉，幽冥之別也。」

〔註108〕同註106。「敢問經云：為之宗廟，以鬼饗之，何謂也？答曰：聖人之教然也。所以從孝子之心，而屬偷薄之意。」

〔註109〕侯外廬《中國思想通史・第三卷》，頁391。

〔註110〕牟宗三〈從范縝的神滅論談形與神的離合問題〉，載於《東風》，四十一年卷一第八期。本文轉引自黃盛璟《從弘明集看魏晉南北朝儒釋道三家的皆應》，頁109。

〔註111〕范縝妹妹嫁給蕭琛，故《弘明集・卷九・難神滅論序》蕭琛稱范縝「內兄」。

〔註112〕同註97。

而非對等物質，所以雖可說「捨刃無利」，但刃卻不因利消失而不存在，如此也就不能推出「神即形，形即神」。蕭琛攻擊此點指出「利滅而刃存，即是神亡而形在，何云捨利無刃，名殊而體一耶？刃利既不俱滅，形神則不共亡，雖能近取譬，理實乖矣。」〔註113〕

第三：范縝論聖凡之殊乃由器之不同，如馬殊毛而齊逸。但毛若屬於形器，卻也有毛色相同而良駑相異者，故蕭琛駁之云「馬有同毛色而異駑駿者」，〔註114〕並進而證明「人形骸無凡聖之別，而有貞脆之異。」〔註115〕

（2）曹思文

蕭琛之後，曹思文也參加論戰，他沒有像蕭琛那樣要駁倒全部論證，只集中於兩項加以問難，第一是以形神相合反對范縝形神相即。第二是舉儒經聖教中宗廟祭祀之說，證明人死後有神存在。

第一：曹思文堅持「生則合而為用，死則形留而神逝」〔註116〕的觀點。他引用典故，與蕭琛一樣用夢的例子〔註117〕解釋形神可分可合，是二非一。另一方面，他又舉范縝所言蚉駏相資之例回應云：「蚉非駏也，駏非蚉也，今滅蚉蚉而駏駏不死，斬駏駏而蚉蚉不亡，非相即也」。〔註118〕這是抓住范縝用例破綻，反證蚉、駏不是形神相即，乃是形神合用。

第二：曹思文對范縝以宗廟祭祀實為聖人設教方便的說法，反問曰：「孝經云，昔者周公郊祀后稷以配天，宗祀文王於明堂以配上帝。若形神俱滅，復誰配天乎？復誰配帝乎？……宣尼云，天可欺乎？今稷無神矣，而以稷配，斯是周旦其欺天乎？」〔註119〕祭天帝鬼神則應實有神在，否則靈肉俱亡即不能配天帝得到祭品，聖人是不會妄言妄行的。曹思文絃外之音，似指范縝有詆毀聖人之嫌。

呂澂先生說曹思文批評范縝的意見，一是抓住范縝理論上的弱點，一是出於政治上的意義。〔註120〕事實上，范縝立論有欠周延之處，反駁者也不盡

〔註113〕同註97。
〔註114〕同註94。
〔註115〕同註94。
〔註116〕《弘明集・卷九・難范中書神滅論》，《大正藏》五十二冊，頁58。
〔註117〕同註116。「昔者趙簡子疾，五日不知人，秦穆公七日乃寤，並神遊帝所，帝賜之鈞天廣樂。此其形留而神逝者乎？」
〔註118〕《弘明集・卷九・重難范中書神滅論》，《大正藏》五十二冊，頁59。
〔註119〕同註116。
〔註120〕呂澂《中國佛學思想概論》，頁173。

合理地方，〔註121〕有些又涉及文化層面，而非純理性思辨，形神之爭最後雖未徹底辯出真相，但確有深化認識的貢獻。

3. 梁武帝的神不滅論

　　南朝梁代的形神之爭，梁武帝可謂是幕後「黑手」，他不但敕令群臣對范縝展開答辯，自己亦作〈立神明成佛義記〉以申神不滅之旨。

（1）神分為性與用兩方面

　　梁武帝說：

　　　　心為用本，本一而用殊。殊用自有興廢，一本之性不移。〔註122〕

「性」即本性、本體，「用」即作用。意思是心是精神作用活動的本體，本體只有一個，而作用是千殊萬異，這些不同的作用有興有廢，本體則不會遷移變化。他又解釋，作為「本」的心即是被「無明」籠罩著的本體神明，眾生修持道行未滿，心識隨外境而動，神明也不免隨之受惑，神明的本性蔽於無明，神而不明，成為無明，從而流轉不止，前滅後生，剎那不住，這都是心體的作用，就心體本身而言並無生滅亦無改變。〔註123〕

　　梁武帝把神分成性、用兩方面，是為了要證明神明的本性是恆常的，死後也不會消滅，例如他說：「源神明以不斷為精」、「神明性不遷」等，〔註124〕既然眾生神明不滅，眾生成佛也就有其根據了。

（2）神不滅論的中國化

　　梁武帝所謂的神明義，表面接近涅槃佛性說，不過實際上，仍未脫離中國傳統的靈魂不滅觀，故梁朝大臣沈績為武帝文章作注解時云：

　　　　臣績曰：神而有盡，寧為神乎？故經云：吾見死者形壞體化而神不
　　　　滅，隨行善惡，禍福自追。此即不滅斷之義也。〔註125〕

〔註121〕張振華《六朝神滅不滅問題之論爭》，談到范縝神滅之論主要用意是把神視為形的屬性，但蕭琛不從此點出發論述范縝錯誤，而是從自己神形為二的立場提出駁難，是無法折服對方的。而蕭、曹二人以夢境證明神可離形體，也有脫離現實矛盾，並不恰當。見該書頁91～96。

〔註122〕《弘明集·卷九·立神明成佛義記》，《大正藏》五十二冊，頁54。

〔註123〕同註122。「一本者，即無明神明也。尋無明之稱，非太虛之目，土石無情，豈無明之謂？故知識慮應明，體不免惑。惑慮不知，故曰無明。而無明體上有生有滅，生滅是其異用，無明心義不改。」

〔註124〕同註122。

〔註125〕同註122。

又梁武帝往往用儒家思想來理解神不滅，於〈敕答臣下神滅論〉引述曰：

> 觀三聖設教，皆云不滅……祭義云：惟孝子爲能饗親。禮運云：三
> 日齋，必見所祭。若謂饗非所饗，見非所見，違經背親，言語可息。
>
> 〔註126〕

梁武帝引用〈祭義〉和〈禮運〉與曹思文引聖教經典祭祀之事，來證明神不滅情況相同，只是這使得梁武帝所謂的神明佛性，墮入鬼神之有的世俗論中，不僅不符合佛教根本教義「緣起」論；在形式上而言，印度佛教主張的是出家修行，也不會行祖宗祭祀之禮。梁武帝以帝王之尊，引儒家典藉解釋神不滅論這個中國佛教理論，上行下效之餘，從而促使佛教染上濃厚的中國化色彩。

方立天先生對梁武帝中國化的神不滅論，有一番綜合之論，他說：

> 梁武帝的眞神佛性論有著中國和外國的複雜而深遠的思想淵源，是
> 各種相關思想融合加工而成的產物。其中最重要的思想源頭是中國
> 古代精靈不滅、人死變鬼的迷信、天神對人們的賜福……再是吸取
> 了儒家的人皆可堯舜的人性本善論，並且和印度佛教的三世業報輪
> 迴、因果報應思糅合在一起，拼湊而成。〔註127〕

思想史上著名的南朝形神之爭，曾發生上述激烈爭論，這一爭議在牟子〈理惑論〉中已顯出端倪，經過劉宋白黑之爭，至齊梁演成高潮。值得注意的是，不契合於原始佛教的中國神不滅主張者，是以信佛者爲代表，彼等卻深受傳統的靈魂不滅影響，而遭到當時儒門思想家范縝抨擊。信仰神不滅的佛教徒，竟又援引儒家文獻爲佛教辯護，使得神滅不滅之爭實際上也形成錯綜複雜的儒、佛之爭。

第五節　儒道的抨擊加速佛教中國化

南朝三場論戰反映出儒、道、佛對人生問題的關懷與解決方式都是迥異其趣的，加上佛教以外來之姿態進入中土，自易招致各種抨擊，如前引之〈夷夏論〉、〈三破論〉、〈神滅論〉等。不過，這非但沒有阻止佛教傳播，反而更刺激佛教改變自己，以加速中國化腳步，目的是爲了消弭佛教與傳統儒、道的矛盾，使人們接受。

〔註126〕《弘明集》卷十，《大正藏》五十二冊，頁60。
〔註127〕方立天著《中國佛教研究》上冊，頁374。

一、佛教調和三教衝突

中國佛教徒爲調解三教間的爭論衝突，在當時潮流趨勢下，整體而言，探取的是「殊途同歸」路線（或有稱三教同源、三教融通、三教合一），也就是強調三教間同源異流，可以互相補充、互通有無。其實，早在〈理惑論〉中已透露調和訊息（見本文第四章）；此後，在《弘明集》裡，東晉孫綽、慧遠，也主張過三教合一，〔註128〕到南北朝時，由於紛爭轉劇，相對地，提出殊途同歸的呼聲也愈高。

所謂殊途同歸係指三家之異，走向融合於一家，至於中國佛教信徒願歸於那一家？這與各家特質、各人偏好相關，大體而言有以下情形：

第一：在三世果報、形神思想上歸於佛教。

梁武帝在〈敕答臣下神滅論〉一文說過：「觀三聖設教，皆云不滅」之語；五經博士明山賓奉梁武帝之意批判范縝時也有類似之言，如：「有神不滅，乃三聖同風」、「雖教有殊途，理還有一致」、「夫明有禮樂，幽則有鬼神」。〔註129〕其他《弘明集》所載南朝知識分子佛教徒如宗炳、顏延之、僧祐也喜用儒典論證神不滅、報應之理。顯示佛教在三教哲學理論上有其特點及較大吸引力。

第二：在社會倫上教化上，歸於儒家。

佛教、道教的戒律可以約束信徒，對社會也有一定的影響力，但遠比不上儒家道德規範的影響那樣廣泛深刻，故佛教在宣揚教義時，常要引儒證釋，或引釋附儒。處處爲佛教辯護的劉勰，在〈滅惑論〉中也不得不說出：

> 夫孝理至極，道俗同貫，雖內外跡殊，而神用一揆。〔註130〕

僧順在〈釋三破論〉也曰：

> 中外二聖，其揆一也。故法行云，先遣三賢，漸誘俗教，後以佛經，
> 革邪從正。〔註131〕

僧順的說法未必合於史實，然可看出他承認道德教化的重要性與優先性，表

〔註128〕《弘明集》卷三〈喻道論〉中孫綽言：「周孔即佛，佛即周孔，蓋外內名之耳……共爲首尾，其致不殊。」又稱「夫佛也者，體道者也。道也者，導物者也，感應順通，無爲而無不爲者也。」慧遠更博綜六經三教，說「內外之道可合而明矣」，積極強調佛教中國化。

〔註129〕《弘明集・卷十・答法云與王公朝貴書》，《大正藏》五十二冊，頁66～67。

〔註130〕《弘明集》卷八，《大正藏》五十二冊，頁50。

〔註131〕同註130，頁53。

示了儒家在社會功能上的主導作用。

除了上述兩種情形之外，更多的是等觀三家，主張相兼互通者，如朱昭之「有聖不過覺，覺不出道……但華夷殊俗，情好不同，聖動常因，故設教或異。」〔註132〕朱昭之認爲三教相融，只因俗殊情異，故表現在外的教化有所不同。張融著〈門律〉，內云：

> 道也與佛，逗極無二，寂然不動，致本則同，感而遂通，達跡或異。
>
> 〔註133〕

這與朱昭之意旨接近，稱佛、道二家是殊時異跡，致本則同。文宣王蕭子良則溝通佛儒曰：「眞俗之教，其致一耳」，〔註134〕其他同類之例亦所在多有，如宗炳、朱廣之、顏延之等，不一一再舉。

然而，佛教信仰者選擇佛教作爲精神境界上之歸屬，必然深覺自家優於他家，彼等找出二家或三家融和之處，彌縫其間差異，無非爲了走出夷夏之防意識，達成宣教之便，故其言語之間，或不免流露本末評量標準，如宗炳〈明佛論〉中談了佛、道齊功之餘，並說：「彼佛經也，包五典之德，深加遠之大實，含老莊之虛，而重增皆空之盡」，〔註135〕意謂佛經不僅包含儒、道精華且更深邃。明僧紹〈正二教論〉以爲「周孔老莊誠爲帝王之師」，卻不如佛教「圓應無窮」，言下之意乃肯定佛教地位最高，周、孔、老、莊則略遜一籌。劉勰〈滅惑論〉云：「至道宗極，理歸乎一；妙法眞境，本固無二，佛之至也。」〔註136〕劉勰雖也疏通三教，但在至理認知上則以佛教爲本。

綜合上述《弘明集》內所言，中國佛教徒無論有意無意地主張三教融通或佛統儒、道，其消極目的是爲了調和三教矛盾衝突，積極目的卻有以退爲進，爭取認同以擴張一席之地意味。其漢化方法除以三教爲總體目標外，對儒、道也有個別性因應之方，以下分述之。

二、佛教對儒家的順應

儒家在南北朝，雖已失去學術獨尊地位，但在道德實踐方面，仍保有傳

〔註132〕《弘明集・卷七・難顧道士夷夏論》，《大正藏》五十二冊，頁43。
〔註133〕《弘明集》卷六，《大正藏》五十二冊，頁38。
〔註134〕《弘明集・卷十一・與中丞孔稚珪釋疑惑》，《大正藏》五十二冊，頁72。
〔註135〕《弘明集》卷二，《大正藏》五十二冊，頁9。
〔註136〕同註130，頁51。

－150－

統權威之勢，佛教與儒家的忠孝入世觀一直不能相容，然而，佛教欲在中國進一步拓展，就必須與文化主流儒家找到交集，否則即會遇到相當困難，因此，南朝佛教中國化關鍵，最重要的就是與前代相同，需妥善處理儒、佛關係，而且必定是由佛家來遷就儒家。

佛教對儒家表現的認同辦法，首要是申明在剃髮、禮親、繼祠、敬君等忠孝德目上，佛、儒立場一致。關於此點，本文在第四章和本章第三節已大略陳述，總之，誠如僧順所自認：

> 釋氏之訓，父慈子孝兄愛弟敬夫和妻柔，備有六睦之美。〔註137〕

另外，劉勰說：「夫佛家之教，所包蓋遠，理由乎心，無繫於髮。」〔註138〕他們皆強調佛教言孝無所不包，並勸世人勿只重視形式表象。事實上，這很明顯是中國佛教信徒為順應儒家習尚而蓄意標榜。

復次，南朝信佛者為促進儒、佛融和，主張在言論內容上引儒證釋或引釋附儒，虔誠如宗炳者亦曰：「孔氏之訓，資釋氏而通」，佛教是：

> 雖邈與務治存生者反，而亦固陶潛五典，勸佐禮教焉。〔註139〕

事實上，從《弘明集》可知有不可勝數之例是如同宗炳一樣，引儒經聖典闡明釋教，這也屬格義方法之一。

另外，南朝中國佛教也流行「內佛外儒」，「依周孔以養民，味佛法以養神」，〔註140〕也就是以儒術治國，以佛法養神修心。這種方式似乎普及於許多知識分子信佛者身上，是以宋文帝才會發出如下之言：「范泰、謝靈運每云，六經典本文在濟俗為治耳，必求性靈真奧，豈得不以佛經為指南耶？」〔註141〕顯然多數士人調合儒佛的態度已影響到儒家體制下的統治者甚至決策，如此，對加速佛教中國化腳步，自會產生相當助力。

三、佛教對道教的釐清

儒、釋、道於六朝時號稱三教鼎立，不過，佛、道二家與儒家相比，實屬輔翼地位，無以踰越；相對而言，道教在三教中勢力較弱，難與儒、道抗

〔註137〕《弘明集・卷八・釋三破論》，《大正藏》五十二冊，頁52。
〔註138〕同註130，頁49。
〔註139〕《弘明集・卷二・明佛論》，《大正藏》五十二冊，頁14。
〔註140〕同註139。
〔註141〕《弘明集・卷十一・何尚之答宋文帝讚揚佛教事》，《大正藏》五十二冊，頁69。

衡。因爲政治、倫理方面，道教的維繫力不如儒家，而名理辨析方面，不敵佛教，長生成仙之說，又不能兌現。但道教也有自己的特色和優勢，例如理論上與老莊合流，政治上，道教始終與南朝政權站在一邊，以捍衛華夏文化自居，故能獲得統治階層支持。三教關係中，佛、道固有融合，但也頻見爭端，顧歡的〈夷夏論〉、齊道士的〈三破論〉都毫不留情地把抨擊矛頭指向佛教，一場夷夏之爭可說就是道、佛之爭，而南朝佛教徒在回應道教之際，表現出異於對儒家的攀附態度，顯然想要劃清佛、道相混界線，以爭取更多信眾。

南朝宋的謝鎮之反駁〈夷夏論〉時指出佛、道差別，「佛法以有形爲空幻，故忘身以濟眾；道法以吾我爲眞實，故服食以養生」，又指出「道家經籍簡陋，多生穿鑿」，只對老子有所肯定：「其中可長，唯在五千之道」。〔註 142〕

慧通則指責道教歪曲老子：「老子著述，文指五千，其餘淆雜，並淫謬之說也」、「老子有五味之戒，而無絕穀之訓」，他還引老子生生之厚必之之死地和身爲大患，批判長生之說。〔註 143〕

齊時明僧紹也反擊道教長生說「大乖老莊立言本理」，認爲既背離老莊之旨，更遠遜佛教之理，可謂僞道；「怪誕惑世，符咒章劾，咸托老君所傳，而隨稍增廣，遂復遠引佛教，證成其僞」。〔註 144〕

梁代劉勰〈滅惑論〉論述佛、道之異曰：「佛法練神，道教練形」，他並承前人觀點，提出道家「三品」說，肯定老子，容忍神仙，貶斥民間道教：「案道家立法，厥品有三，上標老子，次述神仙，下襲張陵」、「（老子）著書論道，貴在無爲，理歸靜一，化本虛柔⋯⋯斯乃導俗之良書」；神仙小道，未免有漏無終；至於張陵、張魯之徒乃「傷政萌亂」之道。〔註 145〕

釋玄光的〈辨惑論〉更極力詈罵民間道教虛妄、穢濁，將其危害歸納成五逆、極六。〔註 146〕

〔註 142〕《弘明集》卷六〈與顧道士書〉、〈重與顧道士書〉，《大正藏》五十二冊，頁42。

〔註 143〕《弘明集・卷七・駁顧道士夷夏論》，《大正藏》五十二冊，頁 45～47。

〔註 144〕《弘明集・卷六・正二教論》，《大正藏》五十二冊，頁 37～38。

〔註 145〕《弘明集》卷八，《大正藏》五十二冊，頁 49～51。

〔註 146〕《弘明集》卷八，玄光責道教「五逆」是禁經上價、妄稱眞道、合氣釋罪、俠道作亂、章書伐德。「極六」指的是：畏鬼帶符非法之極、制民課輸欺巧之極、解廚纂門不仁之極、度厄苦生虛妄之極、夢中作罪頑癡之極、輕作寒暑兇佞之極。《大正藏》五十二冊，頁 48～49。

　　以上佛教徒的批判是要釐清第一：佛、道二家基本確有不同。以佛、老而言，佛之法性不同於老氏虛無。以佛、仙言，佛教練神，以形體爲空幻，道教練形，以己身爲眞實，更養生長生。第二：道家與道教有性質上差別。一個屬於歷史上諸子之學，一個是宗教，兩者不能混而爲一。

　　佛教對道教的釐清，主要是見「道家」既是老莊又是長生符咒，有失籠統，而佛教在南朝，早已擺脫對道家道教的依附，希望人們在認清佛、道差異之餘，更能接受優於道教並適合當世的自家思想理論，以期在中國化過程中，超越道教，得到更多群眾歡迎。

小　結

　　南朝論辯風氣的盛行促進了學術繁榮，《弘明集》中一篇篇專論文章如〈達性論〉、〈明佛論〉、〈滅惑論〉等，都是論戰下的成果，算是一個學術專論大豐收的時代。

　　總結這些文章形態，約可分成三種類型，一種是用立論的方式提出理論見解，以〈神滅論〉爲代表；一種是站在國家或個人立場作出批判言論，如〈夷夏論〉；另外一種則是似存敵意的謾罵，像〈三破論〉。內容方面，幾乎全是圍繞儒、道、釋三家的同異，優劣、先後、內外、本末等問題爭論不休。

　　三教之間在相互爭辯同時，又透露出調和、融通趨向，這樣，就把三教的關係、利弊從各個側面展現出來，使得人們可以更加了解三教的性質和功能，努力尋找出一個合理的文化結構和尺度，確定了往後意識型態領域中，以儒爲主，道、佛爲輔的格局，成爲三大思潮與勢力，從此，在社會精神生活方面，如文學、哲學、藝術乃至道德、信仰，無不刻上三家印痕。

第七章　結　論

第一節　《弘明集》在中國佛學發展史上的價值

　　佛教到中國後所產生的深遠影響已是眾所周知，但是正史中有關中國佛教的專篇載籍竟出乎意外的少。佛教文獻研究者藍吉富先生即說，縱使將傳統史學著作，包括二十五史、各種會要、通鑑等專篇之文全部綜合連綴起來，也無法得到「中國佛教史」較完整的間架；在歷代目錄學著作中的史部類，也從未收有一部佛教史書，〔註1〕個中原因，藍吉富先生認爲：

> 由於古代的中國文化，一直以儒家文化爲主導，佛教圈一向被視爲方外世界而被有意忽略，因此，以儒家史觀爲依據的正統史學著作中，往往對佛教的歷史語焉不詳。近人陳寅恪先生即謂：中國乙部（史部）之中，幾無完善之宗教史。古代的這種史學風氣，至少說明了一般中國史學家對佛教史料與史著的無知，以及對佛教之文化地位的漠視。〔註2〕

參照正史，確合藍氏之言，例如六朝在中國佛教史上具有相當重要的地位，因此在諸本正史紀傳也有不少佛教史料，但大多零星散列於其他史事中，並無成篇的佛教專論。以《弘明集》所收文章而言，即無一篇出現於正史者，

〔註1〕見藍吉富著〈我國傳統史籍中的佛教史料〉一文，收於《中國佛教泛論》，頁91～112。該文還說，依《四庫提要》史部所收，在編年、傳記二類中，原可容納佛教史（歷代僧徒有此類著述），但該書卻全未顧及。而歷代正史的〈經籍志〉、〈藝文志〉及《文獻通考》、《四庫提要》等目錄類，都將佛教史書收入子部釋家類，不承認是歷史書。

〔註2〕藍吉富著〈中國佛教史學的規模及其特色〉，收於《中國佛教泛論》，頁76。

僅少數所引篇章，爲正史採錄。〔註3〕

傳統學術雖然輕忽了佛教文化財產，但佛教文獻如《大藏經》、《卍續藏經》等，則保存有繁富浩瀚的撰述，唯按文獻體例分類，藏經幾以經律論注疏爲大宗，其餘經錄、宗系、傳記、語錄雖繁，然從中難窺中國佛教發展面貌。而漢末至南朝梁武帝，其間三百多年，正是佛法大量輸入時期，也是與中國文化接觸而發生蛻變關鍵時期，《弘明集》誠可謂是該段時代碩果僅存之作，故《四庫全書總目提要》才會說：「六代遺編，流傳最古，梁以前名流著作，今無專集行世者，頗賴以存。」

《弘明集》諸多文章不僅保留了中國佛教學者遺篇，其所集錄的著名論題、論辯的性質、談論的氣勢、往復問難的現象、三教衝突與融和以及文士專論居多的情況，在在顯示佛教思想中國化的方式和歷程，如今，這些內容、等質均成爲近世研治各類史學者的資糧，著名如湯用彤《漢魏兩晉南北佛教史》、侯外廬《中國思想通史·第三卷》、任繼愈《中國哲學發展史·魏晉南北朝》、李澤厚《中國美學史》中，《弘明集》已是他們所據以論述的重要書籍，其餘引用《弘明集》爲材料之集冊、論文更是不計其數。

除了文獻上的價值外，從中國佛教發展史進程來看，佛教自漢代傳入，經過魏晉南北朝的流傳，到隋唐時代，佛教創立宗派，進入鼎盛階段，隨後又逐漸趨於衰落。若以隋唐佛教爲分水嶺相比，漢魏兩晉南北朝作爲一個歷史階段的發展，也就呈現出有異於隋唐的色彩面貌。

此期佛教先是由一種全新的異域文化思潮進入中國，本與傳統相對立，但通過與方術合流，跨出了中國化的第一步，《弘明集·卷一·理惑論》即反映了初傳現象；其後至兩晉南北朝，佛教與儒、道鼎立爲三，並在知識界廣爲傳播，三教既有爭論也有調合，論辯的內容也較豐富，這些在《弘明集》中皆作了大幅記錄。

從整個中國佛教發展演變來看，《弘明集》所代表的佛教中國化史程，有別於隋唐佛教，或可謂《弘明集》記載了佛教中國化前半程足跡、尊定了中國化基礎，爾後才會有隋唐中國佛教的深化、成熟，是以，《弘明集》所具有的歷史意義與價值實不能忽視。

〔註3〕 《弘明集》正文無一篇內容存於正史中，僅《弘明集》所引之〈白黑論〉、〈夷夏論〉、〈神滅論〉三篇，分存於《宋書》卷九十七、《南齊書》卷五十四、《梁書》卷四十八。

第二節　《弘明集》中所呈現的中國佛教特性

　　由於佛教在中國的興盛，因此，經常可以看到許多文籍記載，中國人在吸收外來文化上表現出宏大的包容力，不過，本文認爲中國並不是對任何文化都無選擇性地一律接受。反之，如果主觀上中國具有無條件的包容性，加以客觀上魏晉南北朝時期儒學式微、社會混亂、生死無常，理應是佛教蓬勃發展的大好良機，但佛教卻終沒能「坐大」成爲獨霸的文化體系，反而爲了適應中國政治社會的需要、順應傳統民族特性的發展，導致爲具有中國化色彩的中國佛教，原因何在？換言之，中國歷史爲什麼選擇了儒、釋、道三大教互補模式成爲文化精神支柱？其間答案，一言以蔽之，應與中國傳統民族性格有密切關係。

　　《周易・繫辭下》有一段代表性的話：

> 古者庖羲氏之王天下也，仰則觀象於天，俯則觀法於地，觀鳥獸之
> 文與地之宜，近取諸身，遠取諸物，於是始作八卦，以通神明之德，
> 以類萬物之情。

這裡歸納出來的就是中國人崇尚自然、注重現實經驗等傳統，也是中國人認識、解釋世界的方式，至於對諸如來世、鬼神等感覺經驗以外的事物，則不太熱衷，儒家代表人物孔子嘗言「未知生，焉知死」即是典型之例，故僧祐在《弘明集後序》曰：

> 詳檢俗教，並憲章五經，所尊唯天，所法唯聖，然莫測天形，莫窺
> 聖心，雖敬而信之，猶曚曚弗了。〔註4〕

僧祐此言雖是站在佛家立場而發，卻也不無道理。同時，國人在「所尊唯天」之餘，還觀察到唯有人能掌握宇宙自然規律加以運用，所以「人」的本身也得到相當的價值肯定，《易傳》中有云「天行健，君子以自強不息」等，都算是對人們的禮讚。

　　中國的老祖先極力推崇天地自然，人與天關係，始終處於「天人合一」的和諧狀態，沒有「像西方人那樣，將自然放在與人對立的位置上，依靠人的力量去改造、去征服。」〔註5〕

　　既然沒有一個對立的世界或未來作爲栖栖探求的目標，必定會把關注的重心移置於現實人事上，而對現實人事上的關注，又必定導致對社會秩序規

〔註4〕《弘明集》卷十四，《大正藏》五十二冊，頁95。
〔註5〕馬良懷著《崩潰與重建中的困惑》，頁159。

範的肯定，於是，名教思想、倫理準則成了儒家聖賢建立學說的存在根本。至於超越現實的「神」，對多數中國人而言，是指感覺的到的「精神」，〔註6〕如同《弘明集》中宗炳所說「味佛法以養神」的「神」。

中國傳統特性雖然先天缺乏宗教勢力滋長的土壤，但是一旦宗教在客觀條件下來到中國，傳統也不能將其完全剪除，因爲人生有許多課題是很難僅用現實理性予以解析，必須借助於宗教力量。佛教來自異邦，雖然其部分教義與我國文化心理形成強烈對抗，但它畢竟比較圓滿解答了固有傳統中無法解決的生命歸宿問題，消除了人們對死亡的恐懼；同時，佛教中所蘊含的抽象思辨哲理，也深深吸引中國文人名士。因此，或許可以這樣說，中國人乃是按照自己的特質加以接受佛教、決定佛教在中國的流傳方式，也因而形成中國性格的佛教，這些在《弘明集》中均一一可見其斑跡，今略述如下：

第一：傾向現實主義

從《弘明集》內容來看，中國佛教始終離不開崇祖祭祀、去災求福的祈禱框框。〔註7〕

印度佛教整體而言，屬於形而上之哲學，探討複雜生命的緣起和輪迴，但是前文述及中國思想家對命運問題的關懷，顯然不同於印度佛家，除了孔子「未知生焉知死」的答案外，莊子的態度是「齊死生」；佛教傳入後，雖然改變了部分中國人本來的生死觀，卻沒能改變中國民族現實主義的性格。《弘明集》中可以看出，從漢魏時佛教即是以佛老並祀的面貌出現（詳第四章），信佛，是爲了祈求福佑；直到南北朝梁代，梁武帝與曹思文依然引用儒家經籍中人死成鬼神、孝子祭祀等來論述中國式的神不滅義（詳第六章）。由此可證佛教到了中國，對生死問題的立場，也變得中國化了。

第二：重視人倫次序

佛教本是主張眾生平等，這與中國傳統特重親親、尊尊的倫理秩序思想發生嚴重扞格，甚至沒有調和餘地，儒、道兩家人士極力非難佛教破壞人倫，於是，中國佛教徒只好把忠孝名教作爲佛教的根本教義，並且進一步強調信

〔註6〕中國古代莊子的至人、眞人，阮籍的大人先生，都代表一種理想自由的精神，或者也可說是一種追求的境界。

〔註7〕王祥齡著《中國古代崇祖敬天思想》，頁4，在探究崇祖敬天思想的動機和目的時指出，中國祖先崇拜鬼推崇拜的必然產物，具有深刻的宗教意義，崇拜的對象雖是鬼神，但他是與自己有血緣關係的鬼神。在崇拜者看來，這種鬼神總是護佑著他的後人，因此表現的格外虔誠。

佛不僅不悖行孝，更是有益於世的至德要道。從《弘明集》牟子〈理惑論〉、東晉沙門應否敬王問題到南朝齊梁的夷夏之爭，幾乎每一朝代、每一時期，都出現此一觀念的論辯，最後也都可見到中國佛教對孝德的重視和推崇，其倫理化程度可見一斑。

第三：偏好折衷調和

牟子〈理惑論〉顯示，中國人理解佛教，最初是用「格義」的方式，以老莊思想說明教義；後來又逐漸認爲儒、佛相同，故在東晉孫綽〈喻道論〉、慧遠〈沙門不敬王者論〉中提出儒佛一致說。南朝，兼通二教或三教的學者越來越多，最有名之例，就是《弘明集》中作〈門律〉的張融，臨終前左手執《孝經》、《老子》，右手執《小品般若經》、《法華經》，〔註8〕這種折衷調和的理論基礎，是認爲宇宙根本的「道」是一個，但它以不同形式表現，或爲儒學，或是佛法，或係道教。這與原本印度佛教有什麼差異呢？「許多印度人承認諸宗派諸哲學的存在理由，認爲他們各自傳達了部分真理……絕對沒有說諸宗派諸哲學的旨趣是完全一致的，然而，中國人卻單純地說它們旨趣一致。」〔註9〕此等現象無非和傳統思維方式有關，因而形成三教融通的中國佛教。

〔註8〕 《南齊書》卷四十一。
〔註9〕 王文亮〈從接受佛教的形態看中國人的思維方式特徵〉，收於《哲學研究》1990年增刊本，頁 238～251。

參考書目

一、經史類

（一）經 部

1. 《詩經》
2. 《周易》
3. 《尚書》
4. 《左傳》
5. 《禮記》
6. 《論語》
7. 《孟子》
8. 《孝經》

以上均為藝文印書館印行之十三經注疏本。

（二）史 部

1. 《史記》，漢，司馬遷。
2. 《漢書》，漢，班固。
3. 《後漢書》，南朝宋・范曄。
4. 《三國志》，晉，陳壽。
5. 《晉書》，唐・房玄齡。
6. 《魏書》，北齊，魏收。
7. 《宋書》，梁・沈約。
8. 《南齊書》，梁・蕭子顯。
9. 《梁書》，唐・魏徵、姚思廉。

10. 《南史》，唐・李延壽。以上均為鼎文書局點校本。

二、藏經類

B 本大正新修大藏經（簡稱《大正藏》），新文豐

1. 《歷代三寶記》，隋・費長房，第四十九冊。
2. 《佛祖統記》，宋・志磐，第四十九冊。
3. 《高僧傳》，梁・慧皎，第五十冊。
4. 《續高僧傳》，唐・道宣，第五十冊。
5. 《宋高僧傳》，宋・贊寧，第五十冊。
6. 《釋迦譜》，梁・贊寧，第五十冊。
7. 《弘明集》，梁・僧祐，第五十二冊。
8. 《廣弘明集》，唐・道宣，第五十二冊。
9. 《出三藏記集》，梁・僧祐，第五十五冊。
10. 《大唐內典錄》，唐・道宣，第五十五冊。
11. 《開元釋教錄》，唐・智昇，第五十五冊。

三、佛教一般叢書類

A. 現代佛教學術叢刊，張曼濤主編，大乘

1. 《中國佛教史論集（一）》，漢魏兩晉南北朝篇（上），第五冊。
2. 《大藏經研究彙編（上）》，第十冊。
3. 《四十二章經與牟子理惑論考辨》，第十一冊。
4. 《中國佛教史論集（四）》，漢魏兩晉南北朝篇（下），第十三冊。
5. 《佛教與中國文化》，第十八冊。
6. 《佛教與中國文學》，第十九冊。

B. 中國佛寺志，杜潔祥主編，明文

1. 《金陵梵刹志（一）》，第一輯第三冊。
2. 《金陵梵刹志（二）》，第一輯第四冊。
3. 《金陵梵刹志（三）》，第一輯第五冊。

四、近代專著

1. 《一九七八年佛學研究論文》，印順等著，佛光出版社，民國83年。
2. 《中國人之思維方法》，中村元著，徐復觀譯，學生書局，民國80年。
3. 《中國上古史新探》，潘英著，明文出版社，民國74年。
4. 《中國古代哲學問題發展史》，方立天著，洪葉文化事業，民國83年。

5. 《中國宗教思想史》，王治心著，彙文堂出版社，民國 77 年。

6. 《中國宗教與文化》，牟鍾鑒著，唐山出版社，民國 84 年。

7. 《中國美學史》，李澤厚等編，谷風出版社。

8. 《中國佛教人物與制度》，呂澂等，彙文堂出版社，民國 76 年。

9. 《中國佛教文學》，加地哲定著，劉衛星譯，佛光出版社，民國 82 年。

10. 《中國佛教史》，郭朋著，文津出唵社，民國 82 年。

11. 《中國佛教史全集》，道端良秀著，東京株式會社，昭和六十年。

12. 《中國佛史籍概論》，陳新會著，文史哲出版社，民國 70 年。

13. 《中國佛教泛論》，藍吉富著，新文豐出版公司，民國 82 年。

14. 《中國佛教研究》，方立天著，新文豐出版公司，民國 82 年。

15. 《中國佛教傳入史綱》，釋繼夢，圓明出版社，民國 83 年。

16. 《中國佛教與美學》，曾祖蔭著，文津出版社，民國 83 年。

17. 《中國佛學思想概論》，呂澂著，天華出版公司，民國 71 年。

18. 《中國思想通史》，侯外廬等著，人民出版社，1992 北京。

19. 《中國歷代思想史》，辛旗著，文津出版社，民國 82 年。

20. 《中國哲學史》，蕭萐父等編，北京：人民出版社，1989。

21. 《中國哲學史》，勞思光著，三民書局，民國 75 年。

22. 《中國哲學研究》，方立天著，新文豐出版公司，民國 81 年。

23. 《中國哲學發展史》，任繼愈編，北京：人民出版社，1988。

24. 《六朝思想史》，孫述圻著，南京：南京出版社，1992。

25. 《世說新語箋疏》，余嘉錫撰，華正書局，民國 73 年。

26. 《弘明集研究譯注篇》，牧田諦亮編，東京大學出版，昭和四十八年。

27. 《印度佛教思想論》，木村泰賢，歐陽瀚存譯，商務印書館，民國 79 年。

28. 《印度哲學思想史》，趙雅博編著，國立編譯館，民國 75 年。

29. 《佛典精解》，陳士強編，上海古籍出版社。

30. 《佛教思想的現代探索》，傅偉勳著，東大圖書公司，民國 84 年。

31. 《佛教思想發展史論》，楊惠南著，東大圖書公司，民國 82 年。

32. 《佛教與中國文學》，孫昌武，上海：人民出版社，1988。

33. 《佛教與儒家倫理》，道端良秀著，中國佛文獻編撰社。

34. 《佛經傳譯與中古文學思潮》，蔣述卓編，人民出版社，1990 江西。

35. 《佛教研究十八篇》，梁啓超著，中華書局，民國 74 年。

36. 《東晉南北朝學術編年》，劉汝霖著，上海出版社，1992 年。

37. 《桓子新論研究》，董俊彥，文津出版社，78 年。

38. 《崩潰與重建中的困惑》，馬良懷著，中國社會科學出版社，1993 年。

39. 《漢晉學術編年》，劉汝霖著，長安出版社，民國 68 年。

40. 《漢魏兩晉南北朝佛教史》，湯用彤著，駱駝出版社。

41. 《漢魏兩晉南北朝佛教思想史》，李世傑著，新文豐出版公司，民國 69 年。

42. 《漢唐佛史探真》，譯世保著，中山大學出版社，1991 廣東。

43. 《慧遠》，區結成，東大圖書公司，民國 76 年。

44. 《慧遠及其佛學》，方立天著，中國人民出版社，1984 年。

45. 《魏晉南北朝文化史》，萬繩楠著，雲龍出版社，民國 84 年。

46. 《魏晉南北朝時期的道教》，湯一介著，東大圖書公司，民國 80 年。

47. 《顏延之及其詩文研究》，黃水雲著，文史哲出版社，民國 78 年。

四、學位論文

1. 《魏晉南北朝文士與道教的關係》，李豐楙，政大中文 67 博論。

2. 《老莊思想兩漢魏晉學術思想之影響》，陶建國，文化中文 74 博論。

3. 《魏晉儒道之爭》，林敬姬，政大中文 77 博論。

4. 《從弘明集看魏晉南北朝儒釋道三家的訾應》，黃盛璟，東中文 73 碩論。

5. 《六朝神滅不滅問題之論爭》，張振華，台大中文 73 碩論。

6. 《六朝形神思想與審美觀念》，周靜佳，台大中文 78 碩論。

7. 《釋祐釋迦譜研究》，陳勁榛，文化中文 79 碩論。

8. 《范縝神滅思想之研究》，鄭阿碧，文化哲學 80 碩論。

9. 《出三藏記集研究》，黃志洲，高師國文 80 碩論。

10. 《六朝美學中的形神思想之研究》，呂昇陽，中央中文 81 碩論。

11. 《何承天形神思想研究》，林硯華，文化哲學 82 碩論。

12. 《六朝神滅不滅論與佛教輪迴主體之研究》，李幸玲，師大中文 83 碩論。

五、期刊論文

1. 〈論漢晉時期的佛教〉，劉莘，《中國史研究》，1994 年 2 月。

2. 〈佛教初傳與中國佛教的建立〉，唐玉田，《史學集刊》，1994 年 1 月。

3. 〈中國封建社會中宗教與王權政治的關係〉，彭耀、李成棟，《世界宗教研究》，1993 年 3 月。

4. 〈簡論中國佛教哲學的否定辨證法思想〉，許抗生，《中國哲學史》，1993 年 1 月。

5. 〈佛教對中國傳統思維模式的影響〉，賴永海，《中國社會科學》，1992 年

1 月。

6. 〈從接受佛教的形態看中國人的思維方式特徵〉，王文亮，《哲學研究》，1990 增刊。

7. 〈魏晉南北朝時期社會思潮的轉向與學術史研究的新特點〉，盧鍾鋒，《世界宗教研究》，1990 年 3 月。

8. 〈從漢僧生活看佛教中國化〉，郭朋，《世界宗教研究》，1990 年 2 月。

9. 〈魏晉南北朝時期的總集〉，曾貽芬、崔文印，《史學史研究》，1989 年 3 月。

10. 〈佛教中國化的歷程〉，方立天，《世界宗教研究》，1989 年 3 月。

11. 〈論佛教中國化問題〉，黃新亞，《人文雜誌》，1989 年 2 月。

12. 〈弘明集與廣弘明集：兩部研究中國佛教文化的重要文獻〉，羅顥，《法音》，1988 年 5 月。

13. 〈佛典與中國古典散文〉，孫昌武，《文學遺產》，1988 年 4 月。

14. 〈從魏晉南北朝佛學的中國化看外來宗教與傳統思想的關係〉，賴永海，《浙江學刊》，1987 年 2 月。

15. 〈東漢魏晉時期佛教漢化問題當議〉，王琰，《遼寧大學學報》，1987 年 2 月。

16. 〈也談兩晉代的玄佛合流問題〉，洪修平，《中國哲學史研究》，1987 年 2 月。

17. 〈中國佛教和中國文化〉，杜繼文，《世界宗教研究》，1986 年 2 月。

18. 〈中國佛教的特點〉，任繼愈，《世界宗教研究》，1986 年 2 月。

19. 〈佛與魏晉南北朝時期的封建政治〉，谷方，《中州學刊》，1985 年 5 月。

20. 〈中國佛教的圓融之路〉，霍韜晦，《中國哲學史研究》，1985 年 3 月。

21. 〈關於滅惑論撰年與諸家商兌之商兌〉，李慶甲，《中華文史論叢》，1984 年 4 月。

22. 〈中國早期佛教形神論與其他形神論之比教研究〉，陳士強，《中國哲學史研究》，1984 年 4 月。

23. 〈中國無神論在反神學的鬥爭中解決的幾個理論問題及其局限〉，王友三，《世界宗教研究》，1984 年 1 月。

24. 〈佛教與中國的佛學研究〉，張春波，《中國哲學史研究》，1983 年 4 月。

25. 〈佛教在我國開始興盛的時間問題〉，滕昭宗，《史學月刊》，1983 年 3 月。

26. 〈對中國歷史上形神問題的簡要回顧與評論〉，牟鍾鑒，《世界宗教研究》，1980 年 1 月。

27. 〈中國名稱溯源及其近代解釋〉，王爾敏，商務，收入《中國近代思想史論》，民國 84 年。

28. 〈南北朝沙門禮敬王者爭議探試〉，王文顏，《高雄師大國文所研討會》民國 79 年 4 月。

29. 〈僧祐對建經藏造佛像的貢獻〉，蔡惠明，《內明》一八二卷，1987 年。

30. 〈劉彥和佐僧佑撰述考〉，潘重規，《新亞學報》十五卷，民國 75 年。

31. 〈中國孝道思想的形成演變及其歷史中的新問題〉，徐復觀，收入《中國思想史論集》，學生，民國 70 年。

32. 〈略論魏晉南北朝學術文化與當時門第之關係〉，錢穆，收入《中國學術思想史論叢（三）》，東大，1985 年。

33. 〈夷夏東西說〉，傅斯年，收入《中國上古史論文選集》，華世，民國 68 年。

34. 〈僧祐與弘明集〉，高明，收入《高明論學雜著》，黎明，民國 67 年。

35. 〈中國佛教史傳與目錄源出律學沙門之採討〉，曹仕邦，《新亞學報》第六卷第一期，1965 年。

36. 〈無我輪迴の主體〉，上野順瑛，《印度學佛教學研究》，第六卷一號。

37. 〈僧祐の著作活動〉，內藤龍雄，《印度學佛教學研究》，第二十卷一號。

38. 〈淨影寺慧遠の涅槃義〉，吉津宜英，《印度學佛教學研究》，第二十二卷一號。

39. 〈梁・建初寺僧祐〉，春日禮智，《印度學佛教學研究》，第二十四卷一號。

40. 〈中國南北朝時代の戒學〉，和根川浩行，《印度學佛教學研究》，第三十一卷一號。